LE JOUR OÙ J'AI ARRÊTÉ D'ÊTRE GROSSE

D'ÊTRE GROSSE

Valérie Fraser + Marianne Prairie

LE JOUR OÙ J'AI ARRÊTÉ D'ÊTRE GROSSE

Valérie Fraser + Marianne Prairie

PARFUM D'ENCRE

Parfum d'encre
160, rue Saint-Viateur Est, bureau 404
Montréal (Québec) H2T 1A8

Rejoignez-nous sur Facebook !
www.facebook.com/parfumdencre

Révision : Hélène Ricard

Dépôt légal, 1er trimestre 2014
Bibliothèque nationale du Québec
Copyright © 2014 Parfum d'encre

Parfum d'encre reconnaît l'aide financière du gouvernement du Canada par l'entremise du Fonds du livre du Canada pour ses activités d'édition. Parfum d'encre reçoit l'appui du gouvernement du Québec par l'intermédiaire de la SODEC.

Parfum d'encre bénéficie également du Programme de crédit d'impôt pour l'édition de livres — Gestion SODEC du gouvernement du Québec.

Catalogage avant publication de Bibliothèque et Archives nationales du Québec et Bibliothèque et Archives Canada

Fraser, Valérie
Le jour où j'ai arrêté d'être grosse
Comprend des références bibliographiques.
ISBN 978-2-924251-02-7

1. Fraser, Valérie. 2. Perte de poids — Aspect psychologique. 3. Femmes obèses — Québec (Province) — Biographies. I. Prairie, Marianne. II. Titre.

RC552.O25F72 2014   616.3'980092   C2013-942547-0

Imprimé au Canada

À vous.

Valérie

Aux filles, les miennes
et toutes les autres.

Marianne

TABLE DES MATIÈRES

NOTE DE L'ÉDITRICE

J'écoutais la télé d'une oreille distraite. On annonça la prochaine entrevue avec celle qui était derrière la page Facebook Le jour où j'ai arrêté d'être grosse. *Je suis intriguée et impressionnée par Valérie, 24 ans, ancienne obèse morbide. Drôle, énergique, charismatique, déterminée. J'aimais ses propos, j'aimais l'entendre défaire tous les préjugés que nous pouvons avoir sur les gros. Je trouvais qu'il fallait lui donner une voix, une chance de faire connaître son expérience. Je voulais éditer un livre à son image : esprit libre, jeune, original.*

J'ai demandé à Marianne Prairie, journaliste engagée, blogueuse et féministe, de coécrire ce livre. En s'éloignant de la biographie traditionnelle, elle apporte un nouveau regard sur l'obésité. Elle enrichit ce récit et permet à Valérie d'approfondir ses questionnements.

Si ces deux voix sont complémentaires dans ce livre, c'est assurément parce qu'une amitié et une grande complicité sont nées entre les deux jeunes femmes.

Hélène Derome

LÀ OÙ TOUT A COMMENCÉ

«ELLE POSSÈDE
LE MAGNÉTISME
DES GENS QUI ONT
TRAVAILLÉ FORT
PAR EN DEDANS
À CAUSE D'UN
DEHORS DIFFICILE.»

MARIANNE

MA PREMIÈRE RENCONTRE AVEC VALÉRIE

J'étais en retard. Mon périple à travers les zones de construction montréalaises avait été plus ardu que prévu. En sacrant derrière le volant, j'étais inquiète de la première impression que je laisserais aux personnes qui m'attendaient pour discuter de ce premier contrat de livre : l'éditrice, la coordonnatrice et, bien entendu, Valérie, avec laquelle j'avais un genre de blind date professionnel. Elle et moi, ça devait cliquer au premier rendez-vous pour que je poursuive le projet.

Mes services d'auteure étaient pressentis pour une biographie nouveau genre, je n'en savais guère plus. Sur papier, nous étions un bon match : jeunes femmes habitant en ville, pratiquant l'autodérision et le féminisme. Mais là, c'était l'ultime test de personnalité, et ça commençait mal.

Pourtant, j'étais partie avec la confiance dans le tapis. J'avais réussi à ne pas tacher les vêtements que j'avais soigneusement choisis pour créer une dose équilibrée de sérieux/créatif/trendy. Et j'étais plutôt bien maquillée. Un tour de force (ou de la grosse chance) pour une mère de deux jeunes enfants. À défaut d'arriver à l'heure et avec les dessous de bras secs, j'avais une stratégie de diversion implacable : mon bébé de six mois. J'ai donc roulé la grosse poussette dans le petit bureau de l'éditrice en m'excusant et en laissant les longs cils de ma progéniture faire le reste.

J'étais réellement excitée à l'idée de rencontrer cette jeune femme à la discipline de fer et au bagou irrésistible. J'étais tombée sous le charme en la voyant à l'émission de Pénélope McQuade. C'était à la fin d'avril 2013, quelques jours après le premier anniversaire du jour où elle a arrêté d'être grosse. « Une fille ordinaire avec une histoire extraordinaire », comme elle s'était décrite. En effet, son parcours était particulièrement accrocheur, voire moderne. Si on aime tous les success stories d'obèses qui se prennent en mains, le faire seule, en documentant le processus sur les réseaux sociaux, ça fait vraiment XXIe siècle. Et de la maudite bonne télé.

Son aisance sur le plateau de télévision m'avait impressionnée. Ses réponses aux questions de l'animatrice et de ses invités m'avaient fait jubiler devant mon écran. Son discours sur la perte de poids était à mille lieues des clichés habituels de la victime. Une grosse qui se trouve belle ? Une grosse qui a plein d'amis ? Elle sort d'où, elle ? Et elle a juste 24 ans ! Pardon ?

J'ai ensuite traqué sa vie sur le Web. Fait défiler à l'infini sa page Facebook. Vu toutes les photos d'elle en sueur. Qui capote. Qui pleure. Qui se félicite. Et le nombre de « J'aime » qui se multiplient de façon exponentielle sous chaque entrée. Les « Lâche pas ! » sont nombreux, les « Tu m'inspires » aussi. Puis, j'ai regardé sa fameuse vidéo, son saut dans le vide. Il y a quelque chose de bouleversant à être témoin d'un moment si déterminant dans la vie de quelqu'un. Valérie s'y présente l'âme à nu, fragile et brute à la fois. Je me suis sentie toute drôle de la voir ainsi alors que je ne l'avais jamais rencontrée, indécise entre le malaise d'être voyeuse et la chance d'être complice.

C'est donc avec ces images en tête et un peu de broue dans le toupet que j'ai tendu la main à Valérie pour me présenter. Elle était aussi excitée et fébrile que moi. On s'est donné deux becs sur les joues. Le temps d'échanger un regard, nous avons obtenu le résultat de notre test de personnalité : match parfait. Elle dégageait la même énergie contagieuse qu'à la télé. En l'espace d'une minute, j'avais envie de rigoler avec elle, de passer une soirée à refaire le monde en buvant du vin, d'être son amie, quoi. J'ai pensé : elle, on ne peut pas ne pas être son amie. Et ce n'est pas parce qu'elle te tord un bras ou qu'elle change pour plaire. Elle possède le magnétisme des gens qui ont travaillé fort par en dedans à cause d'un dehors difficile.

Pendant les deux heures qui ont suivi, l'éditrice, la coordonnatrice et moi l'avons écoutée nous raconter son histoire de grosse, les jours avant le Jour, et les jours après. J'étais incrédule devant sa lucidité et sa maturité émotionnelle. Plusieurs fois, je me suis répété :

«Vraiment, là, elle a juste 24 ans ? » Puis je me suis dit que ça adonnait vraiment bien d'écrire sur une fille qui était un véritable livre ouvert.

Dans le bureau de l'éditrice, mon bébé déployait sa magie à grands coups de blahdada, et Valérie était ma nouvelle amie.

« Cette vidéo, c'était ma bouteille à la mer, et ma détermination, mon canot de sauvetage. »

Valérie

LE JOUR OÙ J'AI DÉBALLÉ MON SAC

Le 26 avril 2012, j'ai fait stop. Dans un sens, je savais qu'un jour ça devait finir de même. Je commençais à trop m'habituer à être borderline. Les soirées où je m'enfermais dans ma chambre pour pleurer devenaient trop fréquentes. Quelques jours plus tôt, je m'étais regardée dans le miroir et, chose que je n'avais jamais vue avant, il y avait une grosse fille qui me regardait.

Un de ces regards vides qui te glace le sang. Elle me faisait pitié. Je me suis alors rappelé, la veille, avoir regardé cette silhouette. Je l'ai reconnue. J'étais dégoûtée. Ça m'avait tellement surprise d'avoir une réaction aussi forte. C'est ça, la magie du miroir : tu peux voir la même image tous les jours et, soudain, tu te retrouves avec un gros bouton sur le bout du nez qui te déstabilise. Je me suis précipitée sur mon portable pour regarder les photos de mon plus récent voyage. Impossible que cette fille-là soit celle que je suis vraiment. Entre deux photos de la plage au Mexique, j'ai constaté le désastre. Mon corps était sur le point d'exploser, littéralement. Ouache. L'art de scrapper des souvenirs de vacances. Si je l'avais remarqué plus tôt, je n'aurais pas pris autant de poids. Je m'écœurais. Je me suis mise à réfléchir avec une franchise surprenante.

C'est vrai, je ne vivais plus de commencements, il me restait seulement la faim. C'est là qu'une idée m'a passé par la tête. Le peu d'espoir qui me restait me suggérait d'enregistrer mon cri du cœur. Que ce moment soit à jamais gravé dans l'espace-temps. Je devais me convaincre que rien de ce que j'allais dire n'était fictif, même si j'étais complètement détachée de la réalité. La vie que je croyais pleine de sens était comme un fond de sac de croustilles, décevant, mais obsessif jusqu'à la dernière miette.

Je n'arrêtais pas de ressasser dans ma tête : « Qu'est-ce que tu fais là, Val ? » J'avais répété mon scénario des dizaines de fois. Une générale que je me faisais dans ma voiture, dans mon lit, dans ma douche. Dès que j'avais la chance de me retrouver seule, je me parlais à voix haute. C'est fou parce que ton cœur parle et ton cerveau l'écoute. C'est comme dans toute bonne relation humaine, la communication, c'est la clé. J'assumais ma réflexion solitaire tout en sachant qu'éventuellement, j'aurais à m'intégrer aux autres. Comme si l'idée de pouvoir présenter une réalité dans le virtuel d'Internet me laissait le temps d'y croire encore plus. Un bon moyen de m'éviter de craquer en direct et d'oublier mon texte. Le genre de réaction qui m'aurait donné le goût de retourner au backstage en pleurant. Je devais me préparer pour me réparer. Je ne me lançais pas dans le vide sans parachute, tout était calculé. Un vol de banque aurait semblé de la petite bière à côté de ce que je planifiais. On a beau développer chaque détail avec minutie, une fois sur le terrain, tout peut arriver, ce que je n'avais pas prévu. Je n'avais pas prévu que j'avais des sentiments, dans le fond.

J'avais les mains moites et la tremblote. J'ai mis mon ordinateur sur ma commode, je me suis assise sur le bord de mon lit. Stand-by 30 secondes. J'avais juste le temps de repenser au message que je voulais faire passer. Et puis, d'un mouvement naturel, je me suis penchée vers l'avant et j'ai glissé la souris vers le petit cercle rouge. Action. Mon cerveau, spectateur critique, regardait la scène de haut en analysant tout. Mon cœur, comme une jeune victime qui pouvait enfin s'exprimer, s'est mis à parler. À un moment précis, j'ai senti que j'allais craquer, que mes mots se cassaient dans ma voix et devenaient une boule de chagrin qui ralentissait mon débit. Mon cœur hurlait en dedans et ma tête lui disait de se calmer. C'était la panique totale. J'ai pris un grand respir. Mes yeux en amande se brouillaient et les larmes s'accumulaient à la base de mes cils. Si l'une d'entre elles s'était séparée du groupe pour glisser sur ma joue, un mouvement de masse se serait déclenché. J'aurais, instinctivement, voulu arrêter de filmer pour ne pas me montrer aussi vulnérable. J'aurais tout remis au lendemain et je ne l'aurais probablement jamais fait. Je me suis ressaisie et j'ai continué comme si de rien n'était. Mon cœur battait tellement fort ! Le son du tambour dans mon thorax me préparait pour la bataille imminente. Une fois mes derniers mots prononcés, j'avais toujours la même question en tête : « Pourquoi tu fais ça ? »

C'est facile de faire quelque chose parce que tu dois le faire, mais pour enregistrer une vidéo où tu parles directement à un auditoire précis avec un discours aussi lourd, il doit y avoir une maudite raison béton. Parce que c'était la chose la plus humiliante que j'aie vécue. Pas dans un sens dégradant, au contraire, je me sentais humaine. C'est qu'au bout de ces vingt-trois dernières années de mon existence, mentir sur mon bonheur avait été plus facile que d'avouer ouvertement que j'étais en grosse chicane avec mon estime personnelle. J'étais un iceberg. C'est exactement ça. J'ai volontairement noyé un côté de moi, pour l'oublier et le faire oublier aux autres, mais le bloc de glace submergé m'a rattrapée, évidemment. C'était soit fondre en larmes, soit suer ma peine. Dans toute action importante, il y a une raison qui nous pousse. Pendant que mon cœur braillait, ma tête me répétait que je faisais une grosse erreur en dévoilant enfin mon secret. La comédienne en moi n'avait qu'une mission, convaincre le jury formé dans ma tête que c'était la chose à faire. J'essayais de me composer un plaidoyer à tuer tout argument qui pouvait être évoqué. Je cherchais les mots pour décrire avec conviction ce que je ressentais. Pour une fois que je m'écoutais parler, je croyais en avoir trop à raconter, assez pour m'étourdir, du moins. Les mots, je ne les ai jamais trouvés.

J'ai toujours été en profonde guerre avec la fonction Muet de la vie. Je suis ce genre de fille qui parle trop quand elle est nerveuse ou pas à l'aise. C'était une qualité de ma personnalité, mais mon plus grand défaut personnel. Je suis un monologue sur deux pattes. Un one woman show d'anecdotes divertissantes mais complètement superficielles. Lorsque j'étais seule, il ne me restait plus grand-chose pour me distraire. Enfant et adolescente, j'avais laissé la télévision divertir ma solitude.

C'était une doudou pour la conscience, elle occupait et remplissait mon esprit d'images et de sons. Je m'attachais à ces personnages et à ces histoires qui m'aidaient à alléger mon existence. C'était inévitable qu'en vivant en appartement, je la laisserais m'envahir encore plus. C'est ainsi que j'ai développé la mauvaise manie d'écouter la télévision en trame de fond. Peu importe le motif ou le niveau de concentration exigé, je mettais une série télé en boucle avec le son au minimum. C'est vous dire, mes colocataires venaient fermer ma télévision la nuit quand ils me savaient endormie. Un petit geste insignifiant, mais tellement rempli d'amour. Je dois paraître bizarre : j'ai toujours considéré le son du téléviseur ouvert comme un bruit apaisant, ça me réconforte. Pour certains, c'est un plat cuisiné maison ; pour moi, c'est une annonce un peu trop forte entre deux segments de téléroman.

L'enregistrement terminé, j'ai été surprise de supporter le silence pour la première fois. Pas juste un silence d'avant sieste, un silence d'après sinistre. Mon cerveau m'a laissé réfléchir, meilleure décision qu'il a prise. Comme un parent qui met son enfant en punition dans sa chambre pour réfléchir à ses gestes. Ça nous tente rarement, mais on n'a pas le choix. Je suis restée assise sur le bord de mon lit sans bouger. En y repensant, je ne sais même pas si j'ai cligné des yeux tellement le temps m'avait figée. Je regardais les objets qui m'entouraient et je tentais de me rappeler les souvenirs qui s'y rattachaient. Rien ne me venait en tête. Aucun sentiment, aucune image, rien. J'ai eu un frisson. J'étais dans le néant total. Les mêmes objets que je fixais depuis tout ce temps, je ne les voyais plus. Un blackout total. Le jury était unanime.

Avec du recul, j'ai compris que je devais être capable de vivre sans repères. Parce que c'est ça, changer de vie: se départir de l'emprise de son passé et accueillir un avenir qu'on ne connaît pas, et que l'on contrôle encore moins. Le temps que j'ai passé assise sur le bout de mon lit m'a permis, à moi, de faire mon backwash intérieur, et à chaque morceau de glace se détachant de mon iceberg, de se dissoudre. Mon épave beaucoup trop lourde m'entraînait vers le fond. Cette vidéo, c'était ma bouteille à la mer, et ma détermination, mon canot de sauvetage.

J'ai regardé l'heure. Comment avais-je pu passer une heure de ma vie à endurer ce silence qui m'avait toujours fait aussi peur? Comment allais-je faire pour savoir si j'étais prête, si je n'allais pas me planter royalement?

Je ne pourrais pas dire pourquoi ni comment, mais cette journée-là, j'ai décidé d'arrêter d'être grosse.

« Je n'avais plus le rôle de la dinde bien farcie, mais plutôt de l'hôte surexcitée. »

Valérie

LE JOUR OÙ LA SALADE EST DEVENUE AUTRE CHOSE QU'UNE DÉCORATION DANS L'ASSIETTE

Hier, j'ai vécu ma deuxième naissance. J'ai fini par arrêter de pleurer toutes les larmes de mon corps tellement j'avais peur de l'inconnu qui approchait. Je devais seulement me débarrasser de ces sacs réutilisables remplis de cochonneries, et je repartais à zéro. J'étais sur le point de couper le cordon ombilical qui me rattachait à mon ancienne vie.

Je devais faire ça vite avant que ça me ronge de l'intérieur. J'avais déjà fait la distribution de quelques aliments
à mes amis et à mes colocataires. Il ne restait que les
moins populaires, ceux que j'affectionnais évidemment le
plus. Je devais toutefois trouver un moyen de m'en départir et j'avais une idée en tête. Je vivais dans le quartier
Hochelaga-Maisonneuve depuis un an. La fenêtre de ma
cuisine donnait sur une ruelle, tout sauf verte, qui dressait
un portrait typique de la vie de quartier. Des itinérants qui
s'engueulent pour un mégot de cigarette, le son des talons
hauts des prostituées qui attendent d'être embarquées au
coin de la rue et les enfants hypersexualisés qui hurlent des
termes qu'ils ne devraient même pas connaître. C'était la
trame sonore de ma vie dans Hochelag, et j'adorais y vivre.
J'ai donc décidé de remettre mon butin à un squeegee que
je croisais souvent à l'angle de Pie-IX et Sainte-Catherine.
Je suis arrivée devant lui, les bras chargés de sacs débor-
dants de cadeaux. Je les ai déposés brusquement sur le
trottoir alors qu'il me regardait d'un air sceptique.

— As-tu besoin d'aide ? m'a-t-il demandé en s'avan-
çant vers moi.

— Non, non, pas besoin de m'aider, c'est pour toi ! J'ai
fait mon ménage de printemps et ça n'a pas passé le test.

— Ben voyons, c'est trop, là, c'est pas Noël !

— Haha ! dis-toi juste que ça me fait probablement
plus plaisir à moi de te les donner qu'à toi de les recevoir.

C'est égoïste de ma part comme geste, dans l'fond, que je lui ai dit d'une voix joyeuse, accentuée d'un clin d'œil.

J'étais devenue la Mère Noël d'avril de ce gars-là. Il n'en revenait pas, moi non plus. Je venais de couper le cordon. J'étais libre.

J'ai fait demi-tour. Arrivée chez moi, je me suis dirigée tout droit vers le garde-manger. J'étais debout, à fixer la tablette sur laquelle ne trônaient maintenant que du riz, de la moutarde et de la farine. Je suis restée comme ça pendant vingt minutes au moins. Je tournais parfois sur moi-même pour ouvrir la porte du réfrigérateur et contempler une fois de plus le vide. C'est là que j'ai compris que je n'avais aucune idée de comment bien remplir ces tablettes. J'étais aussi vide d'inspiration qu'elles. J'ai toujours acheté de la bouffe déjà apprêtée pour éviter d'avoir à apprendre à le faire. J'étais convaincue que ça allait être simple, que ce n'était pas par manque de savoir que je mangeais comme ça. Je suis donc partie au supermarché le plus proche. L'excitation de remplir mon panier de nouveaux joujoux me faisait accélérer le pas. Une fois le tourniquet passé, on entrait directement dans le vif du sujet, la section des fruits et légumes. On aurait dit que j'étais devant un mur de vis et de boulons dans une quincaillerie et que je n'avais aucune idée de ce que je devais choisir. Ce n'était pas mon domaine. L'épicerie n'a pas non plus de commis formés pour vous aider à choisir vos produits. Il faut trouver par soi-même ce qui nous convient. J'ai décidé de me promener dans les allées pour regarder les différents produits, m'inspirer des images de repas sur les boîtes de riz ou de croûtons à salade. Mais est-ce que c'était bon pour moi de manger du riz ? Est-ce que les croûtons étaient l'ennemi de la salade santé ? C'est quoi une portion raisonnable ? C'est quoi ça, une charte des valeurs nutritives ? Ça faisait quarante-cinq minutes que je tournais en rond et je n'avais sélectionné qu'un concombre. Pas très concluant. J'ai remis mon panier et je suis retournée chez moi. En route, je me suis sentie tellement conne. Comment est-ce que j'ai pu en arriver là ? Je devais me trouver un mentor pour remplir ma tête d'idées. J'ai ouvert mon ordinateur et j'ai navigué sur Internet. J'ai simplement tapé « recette santé » dans un moteur de recherche, et tout y était. J'ai lu des pages et des pages sur la bonne alimentation. J'ai dévoré des yeux des tonnes de photos de recettes alléchantes. J'avais l'eau à la bouche. Cette recherche m'a permis de tuer le stéréo-type minceur par excellence : il n'y a pas que la salade qui est santé. Ce n'est qu'un aliment parmi tant d'autres avec lequel on peut créer des repas. Mes yeux de nouveau-né n'en revenaient pas de voir d'aussi belles couleurs vives. On était loin de tout ce qui arrivait dans un emballage brun en papier ou en carton. Je me suis mise à imprimer des tonnes de recettes. J'étais totalement dans un état euphorique. Mon imprimante n'était pas prête pour ce scénario et elle a rendu l'âme assez rapidement.

Et puis, j'ai ouvert ma mémoire sélective et j'ai fait le pont entre mon ancienne vie et la nouvelle. Je consommais les émissions de télévision comme personne. Mes journées de congé, je les passais assise sur un divan à écouter tout et rien. J'adorais les émissions de cuisine et leur ambiance. J'avais fixé mon attention sur cette bonne humeur que les gens ont à faire à manger et non sur le contenu. C'est un phénomène tellement rassembleur que je rêvais d'y être invitée et de mettre moi aussi la main à la pâte. Pour vouloir en faire son métier, faut vraiment être passionné, faut surtout connaître son produit. Ce n'est que là que j'ai eu ce flash. Je venais d'ouvrir le compartiment dans lequel j'avais emprisonné tous ces trucs, ces recettes et ces chroniques sur ce qu'est le vrai rôle de la nourriture. Comme une illumination, j'ai trouvé mon sauveur : Ricardo. Je sais, je ne suis pas la seule à faire partie de sa secte culinaire, nous sommes des milliers à suivre ce gourou de la cuisine.

Chez moi, mon père, c'est le cuisinier. J'ai si souvent écouté des émissions de cuisine avec lui. Ça le passionne autant que moi. Il m'interpellait d'un bout à l'autre de la maison lorsqu'il tombait sur une émission où la recette était tout simplement décadente. Je crois qu'avoir un modèle masculin comme Ricardo, ça élimine ce stéréotype que les hommes ne cuisinent pas. Moi, je suis tombée sous le charme de sa personnalité attachante dès ses débuts à la télévision. On a tous le goût d'aller couper des oignons avec lui et de rire de bon cœur. Pourtant, chez moi, j'évitais de faire de la popote. Je n'avais pas eu le réflexe de me faire à manger depuis bien longtemps. Ce n'est pas comme si je n'avais aucune base en cuisine. Mes parents ont toujours cuisiné et m'ont montré très jeune comment faire. Je sais faire bouillir de l'eau, je ne suis pas à ce point ignorante devant un fourneau. C'est ce que j'y plongeais qui clochait. Avant, c'était pour me faire une boîte de Kraft Dinner en guise de repas d'après-midi et, maintenant, c'est pour faire un potage à la courge et au cari. Il n'y a que leur couleur orange vibrante que l'on peut comparer. Quand on y pense, n'est-ce pas la plus belle chose que l'on peut s'offrir quotidiennement ? Se faire une soupe réconfortante qui nous remonte le moral à la mi-session universitaire ou un poisson en papillote qu'on déguste avec un bon verre de vin après une journée productive. Je me suis souvent récompensée avec la nourriture. Dans les bons comme dans les mauvais moments, je me gâtais avec ce dont j'avais envie. Je n'aurais jamais cru que, le faire moi-même, c'était une récompense en soi. Un cadeau de moi à moi. Ce sont les meilleurs. Je me suis composé une petite liste et je suis retournée faire mes emplettes. J'avais tellement reçu et donné de cadeaux ce jour-là que j'avais l'impression, comme le squeegee, d'être à Noël. Je n'avais plus le rôle de la dinde bien farcie, mais plutôt de l'hôte surexcitée.

Par la suite, j'ai évité les supermarchés pendant un bon moment. Ça m'empêchait de passer devant des rangées de produits que je ne voulais pas voir, comme une nouvelle sorte de croustilles au hamburger. C'était pareil pour le rayon des fromages qui me rappelait à quel point je m'ennuyais de tout gratiner. Juste de voir un paquet de fromage et je me souvenais de l'odeur lorsqu'il fondait et de mon plaisir à le déguster. Je devais vraiment trouver une autre solution. C'est là que j'ai commencé à faire mon épicerie dans une fruiterie. Je partais de chez moi à pied avec un simple sac à dos vide. J'allais le remplir de fruits et de légumes tous plus frais et peu coûteux les uns que les autres. Comme je tenais mon iPod d'une main, il ne me restait que l'autre pour transporter mon sac. Je finissais donc mon épicerie normalement, ou presque. Je pensais stratégiquement. J'achetais l'essentiel, étant donné la quantité limitée que je pouvais rapporter chez moi. J'avais toujours une liste que je suivais à la lettre. Oui, je passais dix minutes dans la section de la boulangerie à regarder les produits, à les tenir dans mes mains, mais ça ne faisait de mal à personne. J'apaisais ma faim imaginaire avec mes yeux, puis je remettais le tout en place. C'est dans ces situations que tu te rends compte à quel point tu as du respect pour la nourriture. Je considère toujours ça comme de l'art. Je repartais dans mon quartier mouvementé, la musique au max dans mes oreilles, marchant d'un pas rapide. J'avais hâte d'arriver à la maison pour déballer ma commande et me faire tripper. On était loin de la nature morte. Le typique vase entouré de fruits banals. Les couleurs vives me rentraient dedans. Je me suis mise à imaginer ce que toute cette nourriture, une fois enfermée dans mon estomac, pouvait avoir l'air. Si tous ces aliments étaient autant sur le party que moi en ce moment, ça allait finir en rave cette belle affaire-là. J'avais l'impression de voyager en découvrant toutes ces saveurs et ces variétés. Mon sentiment de liberté venait de prendre une tout autre direction.

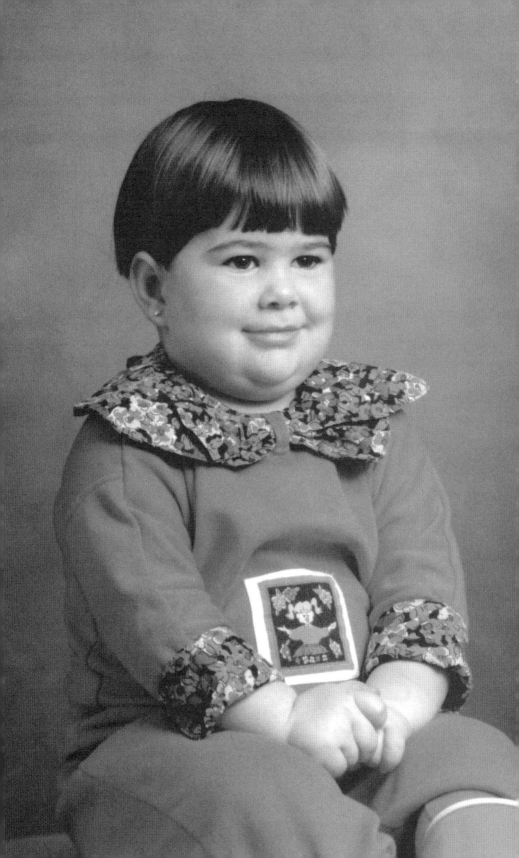

« Tu as la langue à terre, mais mon Dieu que c'est beau ! »

Valérie

LE JOUR OÙ J'AI RETROUSSÉ MES MANCHES

La question que j'ai le plus entendue dans ma vie après «Quand vas-tu ramasser ta chambre?», c'est certainement «Comment as-tu fait pour y arriver?» La réponse à ces deux questions est la même: je ne sais pas vraiment. Ce qui m'a aidée, c'est de ne pas savoir ce que je faisais. C'est comme faire du vélo pour la première fois. On ne sait pas si on va être capable, ni même comment ça marche. La seule certitude, c'est que ça va nous mener quelque part.

Le soir de la mise en ligne de ma vidéo, j'étais attendue dans un party avec la majeure partie de mes amis. J'avais des gargouillis dans l'estomac. Par stress ou par sevrage, je n'en ai aucune idée. J'avais la bouche sèche. Une boisson gazeuse aurait tellement bien hydraté le Sahara dans ma gorge. J'ai calé un verre d'eau comme si c'était un shooter et je suis partie. J'étais aussi anxieuse que si j'allais assister à des funérailles. Rien à voir avec les sentiments heureux que mon message essayait de faire passer. J'avais juste peur d'en avoir trop mis. D'avoir été choquante pour une première. J'avais envie qu'on me serre fort parce que toute la sincérité de ce geste faisait office de mots. J'ai débarqué chez mes amis presque incognito. J'attendais que quelqu'un me parle de ce qu'il avait vu sur son actualité Facebook. Quelqu'un devait bien s'en être rendu compte. L'heure avançait et personne ne venait me faire sentir moins seule. Je ne voulais pas non plus forcer les gens à jeter un coup d'œil sur leur cellulaire. J'aurais eu l'air de la fille en manque d'attention. Pourtant, quand on y pense, j'ai eu ma dose d'attention après cette soirée. Pourquoi, là, tout le monde vivait le moment présent et oubliait les réseaux sociaux ? Pour une fois que c'était plus important qu'une vidéo de chat qui joue avec une balayeuse ! Entre deux discussions de corridor, je suis allée faire un tour aux toilettes. Je me suis embarrée quelques instants pour me parler dans le casse. Je me suis regardée dans le miroir avec les yeux d'une guerrière. J'ai répété toutes ces belles paroles que j'avais dites plus tôt. C'est moi qui devais me battre, personne d'autre. Inutile d'attendre que quelqu'un me prenne par la main, il n'y avait que moi qui savais où je m'en allais. Je me suis secouée les épaules en évacuant mon angoisse. En sortant de ma forteresse, j'ai vu un de mes amis se diriger vers le balcon avant. J'ai agrippé ma veste et je l'ai rejoint. Au fil de la discussion, je lui ai parlé de ce que j'avais fait avant de partir de la maison. Je ne devais pas penser que la vidéo ferait le travail à ma place. Finie l'omerta. Mon ami n'était pas vraiment étonné de mon annonce. Je venais de comprendre ce qu'il pensait depuis belle lurette. À croire qu'il n'y avait pas que moi qui appliquais la loi du silence. On n'a eu besoin d'aucune caresse pour se dire les vraies affaires. Notre nouvelle amie, la franchise, me réconfortait bien plus.

La vidéo s'est propagée comme la gastro en mars. Tout le monde a été touché. Tout le monde applaudissait mon courage et ma force. Des mots nouveaux dans mon journal intime sur mon estime personnelle. Je pleurais de joie et de stupéfaction. La nuit allait être belle. Pas le temps de faire la grasse matinée le lendemain matin, j'avais une mission à accomplir avant de me la couler douce. J'avais fouillé dans tous les recoins de ma chambre pour trouver des vêtements de sport à me mettre. Les chances de succès étaient minces. J'ai fini par prendre un chandail qui traînait et mes joggings d'improvisation. Rien à voir avec le petit kit rose que j'aurais aimé porter. La coquetterie allait attendre. Je savais déjà que je déménageais dans le quartier Rosemont, et j'avais choisi mon gym en fonction de mon nouvel appartement. Ça, c'était l'excuse que je donnais pour avoir choisi un gym aussi loin. En fait, la salle d'entraînement accueillait uniquement des femmes. J'avais essayé les salles d'entraînement mixtes durant mon adolescence, et l'expérience avait été douloureuse. Je ne sais pas comment la société s'est rendue là, mais on a oublié que, dans un gym, on pouvait faire autre chose que développer ses muscles et une shape de plage. Les marches montant vers le gym me donnaient déjà la nausée. C'était un avant-goût de ce que j'aurais l'air sur le tapis quelques instants plus tard. Je suis entrée dans cet univers qui m'a rapidement collé à la peau. On m'a fait remplir un formulaire en me posant les vraies questions. Pour eux, il s'agissait simplement de savoir où je me situais. Pour moi, c'était comme un contrat de mariage. J'allais travailler fort pour que ce soit une relation à long terme. J'ai été franche et honnête. La préposée était surprise de me voir aussi consciente de l'univers dans lequel j'embarquais. Autre chose que le buffet à volonté qu'était ma vie de grosse. On a conclu qu'il me fallait un entraîneur avec un suivi deux fois par semaine pour faire de ce pacte une réussite. Elle m'a jumelée avec une fille qu'elle croyait être un match parfait avec ma personnalité explosive. En attendant notre rendez-vous du lendemain, je suis allée marcher sur le tapis roulant pendant une vingtaine de minutes. C'était interminable. Rien à voir avec les vingt minutes que ça me prenait pour faire réchauffer une boîte d'ailes de poulet. Sauf que là, le plaisir et la gourmandise n'étaient pas de la partie. Je dégouttais de sueur. J'étais aussi salée, par contre. J'ai fini par arrêter de me traîner et j'ai soudainement vécu un sentiment anormal chez moi. Un coup de tonnerre qui me traversait le corps. J'étais fière. J'étais satisfaite de ma performance. Un peu comme admirer son appartement après une journée de ménage productive. Tu as la langue à terre, mais mon Dieu que c'est beau ! High five ! Heureusement, demain, je pourrais partager ma fierté avec quelqu'un. J'avais hâte.

De retour à ma deuxième maison pour y rencontrer mon entraîneuse, celle avec qui je vivrai mes hauts et mes bas. La chimie a commencé à opérer dès les présentations. Je n'ai pas eu peur de lui parler de mes rêves et de mes motivations. J'étais à la case départ et elle le savait. Je lui ai parlé de ma page que je voulais créer pour recevoir les encouragements de mes amis. Elle était inquiète que ça me stresse davantage et que je baisse les bras. Elle a vite compris que j'étais extrêmement motivée et que, avec ou sans, j'arriverais à mes fins. À la base, il fallait que je me fasse confiance.

Pendant les premières sessions d'entraînement, j'avais l'impression de crever. Je ne ressentais pas de plaisir, seulement de la rage. Je fixais le mur de briques devant les machines et je me donnais à fond. Pas capable de placer un mot tellement j'étais à bout de souffle. Mon visage parlait sans rien dire. Le focus, c'est ça qui me guidait. Je pensais à mes parents, à ma sœur, à mes amis et surtout à moi. Je me répétais leurs noms dans ma tête et je continuais. Camille, mon entraîneuse, me poussait à fond et jamais je ne lui ai demandé de ralentir. Elle était fière de moi et elle me mettait en valeur. Finie la lâcheté. C'est moi qui allais gagner cette game-là. Attitude de championne. Il n'y a pas un entraînement d'où je ne suis pas sortie complètement brûlée. Les résultats sont venus avec les efforts. Je ne me suis pas réjouie que de la perte de poids. La première fois où j'ai été capable de courir sur le tapis, j'avais la chair de poule. Je chantais dans ma tête *I believe I can fly* et j'avais envie de pleurer de joie. Rien au monde n'aurait pu me faire sentir aussi forte qu'en cet instant. Désormais, ma tête et mon corps fonçaient vers la victoire.

Après la première semaine, j'ai eu l'impression que toute ma vie j'étais passée à côté de quelque chose. Pas juste parce que j'apprenais à repartir sur de nouvelles bases. Non, j'avais l'impression d'être à ma place. Enfin, j'avais fini de faire les plus grands détours possible. Quand je sortais du gym, la Terre m'appartenait. J'avais une énergie folle et le goût de conquérir le monde. Enfin, j'avais réussi à faire tomber les murs qui me gardaient prisonnière. Il n'y avait plus de limites.

LA SANTÉ ET L'OBÉSITÉ

« L'OBÉSITÉ,
C'EST LORSQUE
LE SURPOIDS NUIT
À LA SANTÉ, LORSQUE
LA MASSE DE GRAISSE
RÉDUIT L'ESPÉRANCE
DE VIE. »

MARIANNE

DÉBARQUER SUR UNE NOUVELLE PLANÈTE

L'obésité, je ne connais pas ça. Personnellement, je veux dire. Pour moi, c'est un sujet qui revient sporadiquement dans les manchettes pour divulguer les résultats alarmants d'une nouvelle étude. C'est la cible d'une quelconque campagne de sensibilisation pour un mode de vie sain. C'est l'état « avant transformation » des émissions qu'on diffuse abondamment sur les chaînes de télévision dont le public cible est féminin.

Ce que je connais des obèses, je le connais par le filtre des médias. C'est endémique, dramatique et mal doublé.

Dans la vraie vie, les obèses sont des étrangers que je croise de temps en temps. Je les vois plus souvent dans les quartiers défavorisés. Parfois, je les observe subtilement. Je regarde leur visage enfoui sous les replis, leur corps gigantesque et surtout la façon dont ils se meuvent. Leur chair bouge longtemps, lentement. Les lois de la physique ont une emprise différente sur les gros. Je me dis que ce doit être comme vivre sur une autre planète où le temps, l'espace et la gravité ne sont pas les mêmes. Une petite planète personnelle dont l'orbite est parallèle à la grosse planète des gens minces, un univers où t'es pogné dans ta combinaison de cosmonaute à chaque instant. Ça me fait penser au Petit Prince tout seul sur son astéroïde. Sauf qu'eux, les Pas-Petits Princes, ils ont peut-être autre chose à dire au sujet de « l'essentiel est invisible pour les yeux ».

Quand je les observe, ce n'est jamais longtemps. J'ai peur de croiser leur regard et qu'ils pensent que je les juge, que je présume plein de choses sur leur vie. Je l'ai déjà fait. Maintenant je ne le fais plus. Qui suis-je pour tenter d'interpréter ce qui se cache sous les bourrelets et les mentons ? Pour leur prêter des intentions et des motivations ? Pour leur inventer des histoires simplistes quand la réalité est beaucoup plus complexe ? Qui suis-je ? Je suis une fille qui éprouve une curiosité un peu malsaine à observer leurs corps en cachette. Je ne l'assume pas complètement. J'ai l'impression que je les considère comme des phénomènes de la nature ou justement des êtres pas tout à fait humains qui vivent sur une autre planète. Ma fascination pour ces corpulences extraordinaires est sans doute proportionnelle à mon ignorance vis-à-vis de l'obésité...

Dans mon entourage, il n'y a pas d'obèses et, selon mes souvenirs, il n'y en a jamais eu. Quelques membres de ma famille et de mes amis connaissent (ou ont connu) des problèmes d'embonpoint. Les classiques kilos en trop qui s'accumulent à cause d'un mélange variable de sédentarité, de malbouffe, d'hormones et de stress. J'en suis.

J'ai techniquement été grosse deux fois, mais ça ne compte pas. J'étais enceinte. J'ai expérimenté la lourdeur et les limitations physiques pendant à peine quelques mois. Être essoufflée, marcher lentement, mal dormir : cet état avait une date de fin connue. Je savais qu'il y aurait une délivrance et, de surcroît, une récompense à la fin. Mon gros ventre était une source de joie, pas d'inquiétude. Il attirait les sourires et les félicitations (puis les mains baladeuses, mais ça, c'est une autre histoire). C'est précisément le contraire de ce que doit vivre une personne obèse.

Aujourd'hui, je suis dodue et plutôt molle. Mais ça demeure un enjeu esthétique. L'obésité, c'est lorsque le surpoids nuit à la santé, lorsque la masse de graisse réduit l'espérance de vie. C'est ce que j'ai appris en faisant mes devoirs.

Le diagnostic de l'obésité comme maladie doit tenir compte de plusieurs données. L'indice de masse corporelle (IMC) est l'une d'entre elles. C'est lui qui détermine votre fameux « poids santé ». L'Organisation Mondiale de la Santé (OMS) recommande ce calcul simple et rapide, car il fonctionne pour n'importe quel adulte, quel que soit son sexe ou son âge.

On mesure l'IMC en divisant le poids (en kilos) par la taille au carré (en mètres). Si vous obtenez un résultat au-delà de 25, vous faites de l'embonpoint (comme moi). Dépassé 30, vous êtes obèse.

Mais attention, l'OMS précise que ce n'est qu'une approximation. Si vous avez de gros os ou de gros muscles, le ratio n'en tient pas compte. Pour les enfants, l'IMC doit être mis en rapport avec l'âge sur une courbe de croissance de référence. Il y a une courbe différente pour les garçons et pour les filles.

Pour vous donner une petite idée, selon les derniers chiffres de Statistiques Canada, 18 % des Canadiens sont obèses et le tiers fait de l'embonpoint. Donc, un peu plus de la moitié des personnes au pays se situent au-dessus de leur poids santé. Et ce nombre augmente chaque année depuis le début des années 2000.

L'autre donnée importante, c'est la répartition des masses adipeuses. C'est pourquoi le tour de taille est un facteur à surveiller. On le compare notamment à la mesure du tour des hanches. Si les réserves de graisse sont concentrées autour du ventre, les risques de maladies chroniques sont considérablement augmentés. On parle ici de diabète, d'hypertension, de dyslipidémie (taux anormalement élevé de lipides dans le sang), de maladies cardiovasculaires, etc.

Bref, l'obésité, c'est une maladie qui en entraîne d'autres, beaucoup d'autres. Ajoutons à la liste précédente des problèmes musculo-squelettiques comme l'arthrose, des calculs biliaires, la goutte, l'apnée du sommeil, la transpiration excessive, la diminution de la fertilité, l'augmentation des risques lors de la grossesse et de l'accouchement, et la vulnérabilité à certains cancers. Tout ça s'additionnant à une vie écourtée de plusieurs années. Selon l'OMS, le surpoids et l'obésité sont le cinquième facteur de risque de décès au niveau mondial. Au moins 2,8 millions d'adultes en meurent chaque année. À l'échelle mondiale, le surpoids et l'obésité sont liés à davantage de décès que l'insuffisance pondérale.

Je pense à cette morbidité, et à Valérie qui baignait dedans, il n'y a pas si longtemps. Ça me semble invraisemblable qu'elle ait frôlé la mort de si près, pendant une aussi longue période. Avait-elle alors la même joie de vivre que je lui connais aujourd'hui ? Ou est-ce une nouvelle flamme qui l'anime depuis que les kilos qu'elle perd lui font gagner des années ?

« Parce que c'est assez cocasse comme termes, *obèse morbide.* Le mot le dit, *mort du bide.* »

Valérie

LE JOUR OÙ MON VENTRE CRIAIT À L'AIDE

Je devais avoir 11 ans, ou plutôt 10, le détail m'échappe, tout ce qu'il faut savoir, c'est que j'étais trop jeune. Trop jeune pour entendre des choses aussi dures, et assez vieille pour les comprendre. Je devais aller rencontrer une diététiste pour trouver le remède miracle pour me débarrasser de mon surplus de poids. Je n'avais pas vraiment envie d'y aller. Je me demandais pourquoi je devais faire ça.

Je ne sais pas d'où l'idée est partie. Je devais me rendre à l'hôpital pour un rendez-vous important. La seule référence que j'avais de cet établissement me venait du téléthon Opération Enfant Soleil. Un marathon d'images dévoilant le triste constat qu'un enfant n'est à l'abri d'aucune souffrance. Je comprenais que c'était un endroit où l'on traitait les enfants malades — rien à voir avec ma vie. Du moins, c'est ce que je croyais. Ma mère m'accompagnait. Je ne sais pas si c'est une simple coïncidence ou par choix, mais c'était toujours elle qui m'accompagnait dans ce genre de situation. Difficile pour moi de l'associer à autre chose qu'à mes déboires face à mon poids. Je n'avais aucune idée de ce que j'allais bien pouvoir dire à cette fameuse experte de la nutrition. Parce que c'était ça, la raison de notre visite matinale. J'avais demandé à ma mère ce que j'allais devoir raconter. Elle m'a simplement dit d'être honnête, de répondre aux questions qu'elle me poserait. Ça semble assez facile, et même banal. Mais lorsque tu sais que ce que tu fais n'est pas bon, tu commences à stresser.

Alors, j'ai rencontré cette dame. Je devais d'abord la rencontrer seule, et ensuite avec ma tendre maman. La vérité sort de la bouche des enfants, et plus souvent quand les parents ne sont pas là. Elle m'a demandé d'énumérer tout ce que je pouvais manger dans une semaine. De la cuillère de mayonnaise à la tasse de fromage râpé, je devais être très minutieuse. J'avais de la difficulté à tout énumérer. Aujourd'hui, ce serait simple, c'est moi qui me fais à manger. Dans ce temps-là, aucunement. J'essayais de me souvenir de quoi étaient composés mes lunchs et mes repas. Je me sentais jugée sur les réponses que je lui donnais. Elle pinçait les lèvres et roulait les yeux quand je parlais de beurre et de patates frites. Pour sa technique pédagogique, on repassera. Je l'ai tout de suite détestée. Elle ne voyait pas le problème global, c'était ou blanc ou noir dans sa tête. Rendue là, j'étais aussi bien de dire la vérité en croisant les doigts pour qu'elle réalise que mon choix de nourriture, c'était 1 % de mon problème. Je savais très bien que je n'étais pas blanche comme neige. Naïve, j'ai cru bon de vider mon sac et d'avouer que le midi ou après l'école, j'allais au magasin à un dollar et à la pizzeria pour me payer une collation dégoulinante de gras trans. Que je me bourrais la face de chocolats ou de soupes instantanées dans ma chambre, le soir. Je devais avoir des emballages qui me sortaient par les oreilles tellement j'en mangeais. Que je ne déjeunais jamais, même si on me forçait presque. Il faut dire que j'ai eu un caractère difficile pour certaines choses. Me faire manger des céréales de force quand j'ai encore des morceaux de caramels entre les dents, non merci. Je me sentais comme un suspect qui finissait par avouer ses crimes. Pourtant, je ne remarquais pas de satisfaction de la part de la diététiste après mes aveux. Je voyais qu'elle n'y comprenait rien. Je me suis dit que ce ne devait pas être aussi critique que je le croyais. Peut-être même limite normal. J'en savais quoi, moi ? C'est elle qui connaît ça, les bonnes habitudes alimentaires. Même si ce n'était qu'une phase, j'avais l'impression que j'allais passer ma vie à en arracher.

Je suis retournée dans la salle d'attente et on nous a rappelées quelques minutes plus tard, mais en duo cette fois-là. La diététiste m'a montré quelques brochures sur le *Guide alimentaire canadien*. Elle a encerclé et surligné quelques éléments à suivre attentivement. Un bourrage de crâne qui me rendait perplexe. C'était comme parler de REER à un itinérant. Je ne comprenais pas son charabia. En quoi mes habitudes étaient-elles mauvaises, c'est ça qui m'intéressait, moi. Pourquoi, en fait, ces aliments ne me satisfaisaient-ils pas autant qu'une pointe de pizza au fromage ? C'est seulement moi qui répondais franchement aux questions depuis le début. Je ne faisais qu'encaisser et hocher la tête. Ma mère devait se sentir encore une fois désemparée et coupable.

C'est là qu'un énorme nuage noir est venu se placer au-dessus de nos têtes pendant un instant. La femme médecin a sorti un graphique me situant dans l'échelle de l'obésité. On comparait l'âge de l'enfant à son poids pour montrer à quel point j'étais gravement ankylosée. Elle a fait aller son crayon de gauche à droite jusqu'à un chiffre indiquant mon âge, qui se situait au centre de la page. Elle a ensuite fait monter son crayon avec assurance. Il a rapidement dépassé le milieu de la feuille et s'approchait du trois quarts. Puis, telle une fusée qui transperce l'atmosphère, le bout de la mine a quitté la page blanche et s'est déplacé sur la surface du bureau. Elle s'est arrêtée et m'a dit : « Toi, tu es en dehors de la page, tu es considérée comme une obèse morbide. À ton âge, ce n'est pas une bonne chose, là. » Je ne sais pas si c'était son ton enfantin qui me tombait sur les nerfs ou encore le mot « mort » que je voyais en caractères gras dans ma tête, mais j'étais sur le point de craquer. J'avais envie de crier pour vrai. Comme dans les scènes de films où ça semble si libérateur. Rien à voir avec la Castafiore et sa voix puissante. Un cri primal. Un cri du cœur. J'avais besoin d'ouvrir la valve un peu et de laisser sortir la vapeur. J'étais stupéfaite d'être toujours devant ce mur qui ne faisait que se refermer devant moi. Pourquoi me dire ce que je sais déjà et ne pas m'expliquer ce que personne ne peut comprendre ? Pourquoi, quand je me sens seule, j'aime mieux fouiller dans le sac de biscuits que de me trouver des amis ? C'est ça que j'aurais voulu que l'on m'explique.

On est sorties du bureau avec des énigmes à la place de solutions. Les indices allaient probablement arriver au compte-goutte et, pour le savoir, on devait prévoir une deuxième rencontre. Malheureusement, le bogue de l'an 2000 affolait la fille qui s'occupait de la prise de rendez-vous. Elle s'attendait à ce que tous les ordinateurs explosent à cette seconde où la nouvelle année allait sonner. Elle devait être déçue rare que rien n'arrive. Elle s'était certainement construit un bunker pour l'occasion. Il lui a sûrement servi aussi le 21 décembre. Comme on dit, jamais deux sans trois. Elle a préféré nous rappeler pour prendre un rendez-vous après le 1er janvier et ainsi s'assurer qu'il serait entré dans le système sans problème. Parce qu'à la voir anticiper le pire comme ça, on était mieux de ne rien ajouter et de hocher la tête. Encore. On est reparties à la maison bredouilles, avec un soupçon de paranoïa dans la cervelle. Aucun but à atteindre. Nada. Tout ce qu'il me restait, c'était ce nouveau terme me décrivant : morbide.

« Qui relève de la maladie, la caractérise ou en résulte. Qui a un caractère malsain, anormal. »

Pas étrange que j'aie eu peur de la mort jusqu'à m'en rendre folle. Il ne pouvait y avoir pire sujet de conversation à aborder avec moi. C'était un billet aller simple pour ma chambre avec les mains sur les oreilles, en chantant à tue-tête pour ne rien entendre. Ça pouvait juste ne pas exister. Je ne voulais rien savoir. Ça me rendait agressive. De ne pas comprendre ce qui arrivait après, ça me mettait en tabarnak. Je pleurais de rage en m'imaginant devoir faire face à ça. Je me rappelle le malin plaisir que mon père prenait à me parler de son testament et du jour de sa mort. Je détestais ça ! J'avais l'impression que mes muscles devenaient de la guenille. Je sais très bien que, la mort, c'est la base de la vie. Je ne voulais pas avoir à me faire rappeler que ma vie était éphémère. Parce que vivre avec l'idée qu'on peut nous enlever ce que l'on a, à n'importe quel moment, c'est mourir à petit feu. Et toi, petite fille obèse anormale, il est pour quand ton dernier souffle ? Je sentais qu'une épée de Damoclès était au-dessus de ma tête et que la distance entre la lame et mon crâne diminuait de plus en plus. Qu'on était sur le bord de sonner l'alerte rouge. Parce que c'est assez cocasse comme termes, *obèse morbide*. Le mot le dit, *mort du bide*. Et moi, pour ne pas lui donner de répit, je le bourrais de tout ce qui passait. Je voulais éviter que le vide me mange. Parce que je n'étais simplement pas obèse par confort, mais pour crier à l'aide.

L'hôpital n'a jamais rappelé. C'était peut-être la secrétaire qui n'avait pas survécu à son bogue. Je n'ai pas revu de diététiste de ma vie. Ça n'aurait servi à rien, parce qu'il était dans ma tête, le problème. Ça, un psy l'aurait compris.

«COMME SI UN POIDS COMMUN ÉCRASAIT LEURS ÉPAULES ET TORTURAIT LEUR COLONNE.»

Marianne

LE DOSSIER MÉDICAL DE VALÉRIE,
UN ROMAN PLEIN DE REBONDISSEMENTS

Porter la morbidité à longueur de journée, ça influence irréversiblement le rapport à la maladie et à la santé. En questionnant Valérie à ce sujet, je me suis rendu compte qu'elle avait tout un historique médical et qu'elle en avait long à dire sur le traitement des gens obèses dans le système de santé. Récit d'une vie où les visites à l'hôpital étaient fréquentes, et les bobos, pas bénins.

La famille de Valérie a toujours vécu avec la maladie. Pour son père, « c'est la débandade », qu'elle me dit. Un enchaînement serré de maux nécessitant des interventions compliquées et des soins de longue durée. Sa sœur a aussi connu des ennuis de santé. Et les quatre membres de la famille ont plié le dos à cause de multiples hernies discales. Comme si un poids commun écrasait leurs épaules et torturait leur colonne.

Mais à force de se traîner dans les cabinets de médecins, de subir des chirurgies, d'être mal en point, une certaine banalisation s'installe. Les mauvaises nouvelles sont de moins en moins tragiques, elles sont le lot du quotidien. Quand un proche a reçu récemment un grave diagnostic, Valérie a réagi calmement : « C'est pris en charge, ça va aller. On fait beaucoup confiance à la médecine. »

Cette phrase est étonnante dans la bouche de quelqu'un qui a entretenu une relation tendue avec le système de santé. Les deux ont toujours essayé de s'ignorer le plus longtemps et le plus souvent possible. Les premiers contacts avec une diététiste en milieu hospitalier ont été douloureux et Valérie a ravalé, au sens propre comme au figuré, pendant des années. « Tu ne te présentes pas devant un médecin quand tu sais consciemment que tu scrapes ta santé et que tu ne fais rien pour améliorer ton sort. Ces gens-là savent fondamentalement c'est quoi ton problème. Tu ne veux pas l'entendre. Au même titre qu'une personne qui a la bouche pleine de caries ne voudra pas aller chez le dentiste. Ou qu'un voleur n'ira pas se livrer à la police. Tu te dis : ça va sûrement mal se passer. Fa'que… t'endures. À mon avis, il y a plusieurs gros qui pensent comme ça. »

Comme de fait : elle attend d'être sévèrement handicapée avant de consulter pour son dos amoché. Les médecins sont réticents à la traiter. Certains pratiquent l'esquive : renvoi à la polyclinique, prescription de Tylenol, repos à la maison. D'autres, le refus : «Tu es trop grosse, on ne t'opérera pas.» Trois, quatre fois, elle se bute à un non catégorique. Elle doit d'abord perdre du poids, sinon ça ne vaut pas la peine de la soigner. D'ici là, «continue d'endurer, la grosse».

Vingt consultations décevantes plus tard, son père vient en renfort alors qu'elle ne marche presque plus. Un médecin lui donne sa chance et elle est finalement opérée à la colonne vertébrale. Pour que l'intervention soit un succès, elle doit perdre une soixantaine de livres. Une fois sur pied, Valérie reprend ses habitudes et plusieurs kilos supplémentaires. Elle a 20 ans.

Deux ans plus tard, elle passe une semaine sur une civière à l'urgence en attendant qu'on l'ouvre pour des pierres à la vésicule biliaire. Une semaine à jeun, branchée sur le soluté, sans pouvoir ingérer quoi que ce soit, pas même un petit morceau de glace. Une traversée du désert qui se solde en épiphanie pour l'addict à la bouffe : «Je peux survivre une semaine sans me nourrir. Même si je ne mange pas mes émotions, je survis pareil.» Au moment où le chirurgien lui donne son congé, il lui lance abruptement, sur le pas de la porte : «Si tu continues comme ça, tu ne passeras pas la trentaine.»

Valérie est ébranlée par cet ultimatum. «Plusieurs pensent que ce moment a été un déclic pour moi. Que c'est ce qui m'a motivée à faire la page Facebook *Le jour où j'ai arrêté d'être grosse*. Pas du tout. Ça m'a fait beaucoup de peine. Et dans ce temps-là, je mange. J'ai mangé. Beaucoup. Je suis devenue dégueulasse.»

Elle ignore l'avertissement, croyant qu'il ne s'adressait pas à elle. À ses yeux, elle est loin d'être le stéréotype de l'obèse morbide : «Je ne fais même pas de diabète ! Ni de cholestérol ! Je suis différente !

Je ne suis pas une victime ! » À force de flirter de si près avec la maladie, Valérie se sent invincible. Peu importent les maux qui frappent les gens de sa famille, ils réussissent toujours à s'en sortir. Pourquoi ce serait différent pour elle ?

En assumant la responsabilité de son comportement malsain, Valérie sous-estime les signaux de son corps. Des années durant, elle a des symptômes qui s'apparentent à « une crise de cœur ». Serrements à la poitrine, bouffées de chaleur, souffle coupé, tremblements, incapacité à s'endormir… « J'avais l'impression que j'allais tomber par terre. Ça m'arrivait souvent, mais je ne faisais rien. Je me disais que c'était normal que je ne me sente pas bien, je mangeais tout croche. »

Avance rapide en juillet 2012, alors que Valérie amorce le troisième mois de sa nouvelle vie. Elle s'alimente mieux, elle s'entraîne, elle a perdu soixante livres. Au moment où les bienfaits commencent à se faire sentir, les mêmes symptômes étouffants reviennent. Panique. « Je fais attention à moi, j'ai même perdu du poids ! Là, il y a quelque chose qui ne va pas. Là, c'est sérieux. »

Elle se présente à l'hôpital. Encore l'hôpital. En moins d'une demi-heure, on la couche sur une civière et on la branche sur différents appareils pour surveiller son état. Le personnel médical cherche activement une cause, la sédentarité et la malbouffe n'étant plus dans le portrait. On désigne un coupable : ce n'est pas l'obésité, c'est le stress. Le corps de Valérie réagit fortement aux récents chamboulements dans sa vie. Pour la première fois, aller se reposer à la maison est un traitement sensé.

À la suite de cet épisode, elle a une révélation : « J'ai enfin compris ce que c'était la santé. Je tenais ça pour acquis. Maintenant, je considère ça comme un privilège. J'en profite.» En ayant une confiance aveugle dans le système médical, Valérie se détachait de sa propre santé. Le peu qu'elle possédait ne lui appartenait pas. Elle pouvait donc se malmener sans trop de remords. Quand tout le monde autour de soi est malade tout le temps, le concept de bien-être prend d'autres proportions. Il est constitué de petites améliorations qui permettent d'atténuer la douleur et de reprendre sa vie là où on l'avait laissée. Être en santé est non seulement inconnu, mais c'est aussi un grand idéal qui semble hors de portée.

Une fois que Valérie a perdu du poids, elle reçoit des soins beaucoup plus rapidement : trente minutes. Une grosse qui fait attention à elle a plus de chance d'avoir un bon service médical qu'une grosse ingrate. Aide-toi et le système t'aidera. N'empêche que la discrimination envers les personnes obèses est flagrante, et les médecins, les infirmiers, les nutritionnistes et les psychologues qui travaillent dans le système de santé reproduisent ce qui se passe à l'échelle sociétale. «On est moins bien traités que les gens normaux.» confirme-t-elle. En effet, selon une étude publiée en 2010 par le Rudd Center for Food Policy and Obesity de l'Université Yale, les femmes souffrant d'embonpoint ont plus de risques de recevoir un mauvais diagnostic et d'avoir un cancer détecté plus tard que la moyenne des patients. Encore plus récemment, à l'été 2013, des chercheurs américains affirmaient que les médecins ont tendance à démontrer moins d'empathie envers leurs patients obèses. L'échange étant plus impersonnel, le patient prend moins en considération les recommandations du médecin et cela diminue les chances de succès d'une thérapie comportementale. Une relation contre-productive et culpabilisante, finalement.

Valérie continue : « Je comprends, parfois on ne s'aide pas. Mais il faudrait que les médecins qui voient entrer une personne obèse dans leur bureau puissent les diriger vers les bonnes personnes, les bonnes ressources. Il faut régler le problème à la base, pas juste soigner ce qui est provoqué par l'obésité. Ça se joue à plusieurs niveaux. Il y a le manque d'éducation, le manque d'argent, tout le côté psychologique… Mais quand même : je n'ai eu aucun rendez-vous postopératoire après mes hernies discales ni après mes pierres à la vésicule biliaire. Peux-tu demander à une nutritionniste de m'appeler ? Peux-tu me dire comment faire pour en perdre, du poids ? Je ne sais pas par où commencer ! Sur Internet ? »

C'est lancé à la blague, mais c'est exactement là que ça a débuté pour Valérie. Sur le Web, avec une vidéo YouTube et une page Facebook. Et au fil des semaines, des clics et des litres de sueur, la fille qui a toujours mal filé, la fille qui se levait tous les matins ayant mal au cœur, aux jambes, au ventre, eh bien, elle n'a plus mal, nulle part, jamais. À part quand ses muscles sont endoloris à la suite d'un effort physique. Elle ajoute : « C'est bizarre. C'est la première fois en quinze ans que ma famille a un break de maladie. » Le vent a tourné de bord et la confiance a changé de camp. Un peu moins dans la médecine, et un peu plus en soi.

« Chez nous,
on connaît les
hôpitaux comme
les restaurants ! »

Valérie

LE JOUR OÙ JE SUIS REDEVENUE COMME NEUVE

Les accolades du jour de l'An remplies de souhaits et de regards sincères, c'est pour moi le summum de la caresse chaleureuse. Il n'y a pas une autre caresse qui peut dépasser celle-là dans l'échelle mondiale des câlins. Dans le temps des Fêtes, une tradition en suit une autre, c'est ça le côté réconfortant du mois de décembre, je crois. De la dinde et des atacas en passant par l'étoile à la cime du sapin, on se doit de ramener certains classiques indispensables.

Se souhaiter la santé à minuit le soir du 31 fait partie de ma liste des incontournables. Comme si le renouveau de l'année nous donnait des pouvoirs de guérison. On voudrait tous que nos proches jouissent d'une bonne santé. Pourtant, c'est quelque chose que l'on a, faudrait plutôt se souhaiter de la garder. Je dis ça parce qu'à une certaine période de ma vie, j'ai égaré la mienne.

Je venais de terminer mon secondaire. J'avais été acceptée en communication au cégep, c'était parfait pour moi. Le genre de programme où ta personnalité, c'est la clé de ton succès. Attaboy. J'ai vu le cégep comme l'occasion de me faire une nouvelle image. J'étais tannée d'être la grosse, au secondaire. J'avais le goût d'être moi-même, pour une fois. Tout allait pour le mieux, les gens que je rencontrais étaient intéressants et me faisaient découvrir une certaine facette de moi que j'ignorais jusqu'à ce jour. On était tous au même endroit dans notre vie, dans cette période cruciale où l'on écrit le début de notre avenir. La seule chose que je traînais encore de mon passé, c'était mon physique imposant. Mon aisance faisait rapidement oublier mes bourrelets, et mon humour m'ouvrait la porte du cœur des gens comme jamais auparavant. Plus j'étais bien, plus mon corps me retenait.

J'avais toujours eu des douleurs au bas du dos et dans la jambe droite, ça faisait partie du tout-inclus de mon surplus de poids. Je n'allais pas commencer à m'en plaindre, ça n'aurait servi à rien. Quand on connaît les causes de son malheur, on ne va pas crier ses problèmes sur tous les toits. On assume. Alors j'ai continué mon petit train-train. Dans ma tête, je savais très bien vers où tout cela s'en allait. Deux ans ont passé, et mon silence n'avait fait qu'empirer la situation. J'étais aussi croche que les scandales de la construction. Mes jambes essayaient de soutenir le haut, qui lui se laissait tomber sur le côté, résultat d'une scoliose avancée. J'ai fini par ne plus me rendre compte que je vivais à 90 degrés. Mes habitudes de vie changeaient peu à peu. Désormais, je devais me lever de deux à trois heures plus tôt le matin pour me détendre les muscles lombaires parce que la douleur était trop vive. Je n'avais plus besoin de réveille-matin, la douleur s'occupait de me tirer du sommeil. Elle n'était pas très coopérative, je dois le préciser. Elle n'en faisait qu'à sa tête et j'en bavais en masse. C'était maintenant à mon tour d'accomplir une tâche : me lever de mon lit. Je dis « tâche », je devrais plutôt parler d'effort. Chaque geste était calculé, comme quelqu'un qui désamorce une bombe. Je retenais mon souffle pour ne pas crier. Je prenais toutes les précautions qu'il fallait pour me tourner sur le côté, prête à remonter en position assise. Après de grandes respirations, je ressentais encore la douleur de la veille au même titre que j'anticipais celle-ci. Fallait y aller comme lorsqu'on enlève un diachylon sur une plaie :

un petit coup sec. La montée de 90 degrés m'arrachait une rivière de larmes. Je ne me suis jamais fait poignarder (je touche du bois), mais je me suis toujours dit que ça devait être semblable. Je regardais le mur, assise sur le bord de mon lit simple, jusqu'à ce que j'aie la force de me tenir sur mes jambes. J'avais autant d'équilibre que Humpty Dumpty sur son mur de briques. Une chance qu'il y avait des murs pour me retenir, parce que j'aurais rendu visite au plancher une couple de fois. La petite distance à franchir entre ma chambre et ma salle de bain était une épreuve digne de Fort Boyard. On aurait dit qu'on m'avait greffé une jambe de bois durant la nuit pour me faire une bonne blague. Comme un certain pirate, j'en étais devenue maboule aussi. J'avais le sentiment que mon corps ne m'appartenait plus. Je me rendais ensuite devant la télé et j'attendais que ça passe. À 5 heures du matin, je regardais les émissions avec les mêmes nouvelles en boucle. J'avais beau prendre des médicaments en vente libre, rien ne changeait. Pendant plus de trois ans, j'ai vécu cette torture autant physique que psychologique. J'étais au bout du rouleau. Mon père me voyait vivre mon calvaire chaque matin, et ça le détruisait à l'intérieur. On ne souhaite jamais que son enfant souffre comme ça. Il était impuissant, j'étais épuisante.

J'avais consulté des médecins dans plusieurs cliniques médicales. Je m'y rendais seule, avec l'espoir qu'on trouve une solution. Malheureusement, on pointait ma grosseur et on esquivait le reste. Dommage que ça ne se vende pas, des régimes, parce qu'on m'en aurait probablement prescrit. Je suis peut-être obèse, mais pas épaisse. Je retournais chez moi bredouille, sans le moindre espoir de voir ma santé me revenir un jour. Puis, un soir, mon père m'a dit qu'on irait à l'urgence le lendemain matin, en espérant que quelqu'un me traite enfin. Ah ! Ce doux papa !

C'était un lundi comme tous les lundis, j'étais aussi mal en point. On est partis en direction de l'hôpital où ma sœur travaille et où on a toujours eu d'excellents services. Ma famille et moi, on y a un abonnement annuel pour des pépins de santé, et notre confiance en la médecine nous a aidés à passer au travers. Mon père m'a laissée à l'entrée de l'urgence, le temps de stationner son véhicule. Je suis allée directement au triage, de peine et de misère, mais j'avais l'aide de ma canne, heureusement. L'infirmière a écouté mon histoire de bobos. Elle m'a arrêtée pour me dire que si c'était simplement un mal de dos, je devais probablement aller à la polyclinique de l'hôpital. Je lui ai mentionné que j'avais déjà fait affaire avec les cliniques et que ça n'avait rien donné. Elle a insisté. Mon père est arrivé à ce moment-là. Découragé de ce premier rejet, il m'a quand même convaincue d'aller voir là-bas. C'était bondé, pas surprenant. Après plusieurs heures d'attente, on a finalement appelé notre numéro. J'apercevais la lumière au bout du tunnel. Après un examen sommaire de ma flexibilité et une courte série de questions entourant mes épisodes de douleur, le médecin était prêt à me faire part de son analyse. J'étais juste trop grosse. C'était ça, le bobo. Pour une fois que j'avais un témoin qui m'accompagnait, je me sentais soudainement moins seule dans mon drame. Mon père était insulté. Ce qu'on venait de me dire dépassait son seuil de tolérance. Il s'est mis à argumenter avec le docteur en lui faisant comprendre qu'on savait déjà tout ça et qu'il m'était impossible de perdre du poids puisque j'avais de la misère à me traîner. Le médecin n'a pas bronché et a répété le même discours. J'étais assise sur une chaise, à l'écart de la discussion. Mon père bouillait de rage. Il m'a regardée et m'a dit de prendre mes affaires, qu'on allait se rendre dans un autre hôpital. Le médecin, trop fier de ce qu'il avançait, a eu le malheur de déclarer à mon paternel qu'ils ne feront rien ailleurs non plus. Appuyée par un doigt accusateur, la réplique de mon père fut brutale. Il est inutile de vous dire qu'il jacassait très fort son mécontentement tout le long du trajet jusqu'à la voiture. On s'est alors dirigés vers un établissement plutôt anglophone de Montréal, un autre endroit que mon père connaissait un peu. Chez nous, on connaît les hôpitaux comme les restaurants ! Il devait être 17 heures et je m'apprêtais à m'inscrire. Je ne sais pas pourquoi, mais j'avais l'impression que ça y était.

On nous a finalement invités à passer dans les cabines d'examens en attendant qu'un médecin de garde vienne me rencontrer. Ça n'a pris que quelques instants et une femme médecin est venue m'examiner dans les moindres recoins. J'étais contente d'avoir pris une douche le matin, si vous voyez ce que je veux dire. Avec une voix remplie de compassion et de douceur, elle m'a mentionné que j'avais probablement des hernies discales, mais qu'ils devaient faire plus de tests avant de se prononcer. Les internes me rendaient visite pour voir ma condition et me poser quelques questions rapides. Je dis ça de même, là, mais quand des étudiants en médecine viennent te voir, tu sens que ton cas est spécial et qu'enfin on va faire quelque chose pour toi. On déplace rarement des foules pour un pétard mouillé. On m'a alors annoncé que j'allais passer une résonance magnétique. À l'intention de ceux pour qui les termes médicaux ne leur sont pas familiers, c'est l'équivalent d'un scan mais dans un tube étroit. Le pire cauchemar d'une claustrophobe. Aux alentours de minuit, on m'a amenée faire l'examen. Les deux préposés qui me déplaçaient d'étage en étage n'en revenaient pas de la joie qui se dégageait de mon visage. Ça doit être rare d'avoir quelqu'un d'aussi content de passer une batterie de tests. Ça faisait six mois que j'étais sur une liste d'attente pour cet examen. C'est certain que mon taux d'excitation était comparable à celui d'une ado qui est allée voir les

Backstreet Boys en 1998. Ils se sont mis à huit pour me transférer de la civière à la table d'examen. Chacun de leur regard était vide de jugements, on sentait leur besoin de m'aider. C'était le début de mon amour inconditionnel pour les employés des services de la santé. On m'a insérée dans un long tube muni d'un très petit ventilateur. J'étais prise comme un saucisson. J'aurais eu plus d'espace dans un cercueil. Tout au long de la résonance, ils m'ont rassurée en me parlant par les haut-parleurs de la pièce. Leurs voix apaisantes m'ont permis d'oublier où j'étais, elles m'ont fait du bien. Une fois la tâche accomplie, on m'a ramenée à l'urgence où mon père, plus léger que le matin, m'attendait avec le sourire. Il était presque 1 heure du matin lorsqu'une délicate infirmière est venue m'annoncer qu'on me garderait pour faire une intervention chirurgicale d'ici le lendemain. À cet instant, j'ai été prise de panique et mon père trouvait lui aussi, je crois, que ça allait plutôt vite. C'est dans ces moments-là que tout devient inquiétant. Puis, un médecin a confirmé que les tests démontraient que j'avais des hernies discales importantes qui diminuaient le bon fonctionnement de ma jambe droite. Il a décidé de me faire rencontrer l'un des meilleurs neurochirurgiens du Québec. J'avais gagné le gros lot ! On m'a remis mes papiers d'arrêt de travail et on m'a prescrit des comprimés assez forts pour contrer mon mal à la maison.

De retour, le 28 avril 2009, dans un institut de Montréal pour y rencontrer mon neurochirurgien. J'avais toujours mon fidèle compagnon avec moi pour me soutenir. La secrétaire du médecin nous attendait, une dame au sourire aussi éclatant que son rouge à lèvres. J'étais déjà conquise. Elle nous a invités à attendre le médecin dans sa cabine d'examen privée. Nous avons alors rencontré ce fabuleux médecin. De bonnes poignées de mains et des bonjours chaleureux, on se sentait en confiance. Il a pris le temps de me montrer étape par étape quelle était ma condition de santé. On a regardé la vidéo de ma résonance avec attention. Si un jour je tombe enceinte, je pense que j'aurai le même regard passionné que ce jour-là, lors de ma première échographie. Je voyais les ravages que mon corps était en train de subir à cause de moi. L'émotion commençait à surgir et je buvais les paroles de mon sauveur. On a fait le tour de la question de mon surpoids, il m'a conseillé de perdre 60 livres, car mon dos était fragile et qu'il avait besoin d'un break syndical. Puis, il m'a fait la grande demande : « Valérie, je t'offre de faire l'opération pour t'enlever 50 % de tes trois disques lombaires, ce qui ferait en sorte que tu n'aurais plus de douleur et que tu retrouverais toute la liberté au niveau de ta jambe. Malheureusement, il n'y a que 50 % des chances que ça fonctionne, vu ton état. Si ça fonctionne, tu devras ensuite perdre du poids et faire de la physiothérapie pour muscler ton dos. Si ça ne fonctionne pas, ça va rester tel quel. Je te laisse en discuter avec ton père. Penses-y.»

J'avais l'impression de ne faire que ça, penser. Je réfléchissais toujours à mille et une choses, mais pas à celle qui compte vraiment parce que je n'avais jamais imaginé en arriver à cet ultimatum. Et si on m'avait écoutée avant, quand je criais à l'aide, est-ce que les chances de réussite auraient été différentes? J'étais maintenant seule avec mon père qui a répété ce que le médecin venait de dire pour être certain que je comprenne bien. À court ou à long terme, je ne voyais que cette solution, alors je n'allais pas laisser passer ça. J'ai rencontré la secrétaire et le médecin pour leur annoncer que j'allais subir l'intervention chirurgicale. Et j'ai senti une montagne quitter mes épaules. Je me suis mise à pleurer, mon père a suivi, et la secrétaire aussi. J'avais terminé mon chemin de croix. On avait, pour une fois, totalement confiance en moi et c'était la seule statistique que j'avais dorénavant en tête. Les paperasses étaient en cours pour me préparer à la date butoir du 10 juillet. Finies l'école, la job et les activités normales, je devais me ménager avant l'opération. Pour la douleur, pas de problème, on a choisi la plus forte dose de morphine que l'on peut prendre oralement. De la médecine de cheval, que ça s'appelle. Et s'en est suivi un décompte interminable à me morfondre, complètement assommée, dans le confort de ma maison. J'étais high, way to high.

Le 19 juin 2009, j'avais un bilan pré-opératoire à faire. Rien de stressant, plutôt rassurant. Je m'étais rendu compte que lorsque je mentionnais que je devais me faire opérer dans la colonne vertébrale, mes proches s'affolaient, quand moi j'étais supercalme. Cette rencontre-là a donc aidé à faire taire des voix intérieures. L'infirmier m'a montré une dizaine de brochures avec des dessins parfois cocasses. Il m'a ensuite donné un échantillon de savon avec lequel je devrais me laver le matin de l'opération. L'odeur m'écœurait tellement, je ne pouvais pas croire qu'il osait appeler ça du savon. Il me semble qu'un peu d'essence d'orange n'aurait pas fait de tort. Et puis, le 10 juillet cogna à ma porte ; non, c'était plutôt mon père qui voulait me réveiller. J'ai essayé de me lever de mon lit. Impossible. J'ai forcé un sourire. Il fallait bien que je sois enfin arrivée au bout pour que mon corps me lâche. Mon père m'a traînée du mieux qu'il a pu jusqu'à la voiture. Le trajet s'est fait rapidement, il y a rarement foule dans les rues à 5 h 30 du matin. J'étais excitée comme une fille qui s'en va à l'aéroport, je sentais que ma vie décollait. Arrivée à l'hôpital, j'ai été tout de suite prise en charge. Ma chirurgie était prévue pour 8 h et le temps filait. J'ai enfilé la jaquette pour finalement devoir l'enlever. On allait simplement m'emmitoufler dans des couvertures pour le déplacement jusqu'à la salle d'opération. On nous a emmenés à l'ascenseur, mon père a dû descendre quelques étages avant moi. Il m'a serré la jambe et m'a dit : « À tout à l'heure. » Les portes se sont fermées derrière lui et j'ai compris qu'il attendait que je ne sois plus là pour verser quelques larmes. Il voulait me donner tout son courage avant de se permettre d'être vulnérable devant l'épreuve que je m'apprêtais à vivre. Je devais faire ça comme une grande maintenant. Ils m'ont laissée en attente dans un corridor où les gens habillés en tissu de papier bleu défilaient. Je regardais les tuiles de carton picotées au plafond et j'essayais de penser à autre chose. J'ai eu assez de temps pour apprendre par cœur les procédures d'évacuation ainsi que le mode d'utilisation de l'extincteur accroché au mur. Puis, ils m'ont emmenée dans la salle d'opération. Une immense pièce où l'acier inoxydable est maître. Il se dégageait de cette pièce un froid intense que je semblais être la seule à ressentir. Les infirmières de soie venaient me demander comment j'allais. Elles ont rapidement compris à quel point je me sentais bien. Je me suis mise à faire un monologue d'humour digne de Martin Matte. Elles riaient fort, j'oubliais ce qui arrivait, une parfaite combinaison. Si jamais je ne me réveillais pas, ce qui était possible, j'aurais au moins fini la job avec une couple de bons rires. Pendant que l'anesthésiste, un homme de peu de mots et de délicatesse, commençait à préparer mon dodo, j'ai demandé à une infirmière comment on pouvait m'opérer dans la colonne alors que j'étais couchée sur le dos. Elle a pointé à ma droite une table munie d'une mani-velle sur laquelle on me coucherait à plat ventre une fois endormie. Ensuite, on tournerait le levier et mon corps prendrait ainsi la position semblable à un chien à quatre pattes. J'ai vu cette image de moi doggy, complètement inconsciente, et un frisson a traversé mon corps. La scène pourrait facilement se transformer en mauvais porno sadique. J'ai exprimé ma pensée auprès des gens présents dans la salle, qui se multipliaient comme des lapins. Ils riaient encore. En dix secondes, ils étaient passés de cinq à seize personnes. Je ne trippais plus autant. Les internes avaient fait leur entrée, le médecin était sur le point d'ar-river lui aussi. C'était l'heure du dodo.

Un claquement de doigts plus tard, je me suis réveillée aux soins intensifs. Mon père s'est penché vers moi. Il a souri et m'a parlé avec douceur. J'ai voulu lui montrer que tout allait bien. Je m'étais souvenue que, quelque temps plus tôt, ma sœur avait fait une bonne blague dans cette situation. Elle venait tout juste de se réveiller de la même opération et avait déclaré : « Y ont réussi ma lobo-tomie. » Je m'en suis inspirée en lançant un : « Y ont réussi ma liposuccion. » Mon père a rigolé. Pas l'infirmière. Elle ne comprenait probablement pas mon humour. Mon père m'a annoncé que l'opération avait duré huit heures, soit six heures de plus que prévu. Le connaissant, il avait dû être dans sous ses états. Mais il était surtout très content que tout se soit bien déroulé. On m'a transférée dans une chambre privée. Je reprenais conscience tranquillement. Ma mère et ma sœur ont été là tout le temps qu'elles pouvaient. C'est pour ça qu'on guérit toujours de nos bobos chez les Fraser. Avoir ta sœur qui t'aide à faire ton menu sur mesure, car elle en connaît tous les secrets. Des extras et des on the side, en veux-tu, en v'là. Et ma mère qui m'apporte des revues et qui veille à ce que j'aie assez de couvertures et d'oreillers. Et ensuite mon père, qui me dit exactement qui travaille et quel genre de patients il y a autour. C'est le gentil seineux. Tout le personnel l'adore. Une belle potion qui marche fort.

Le lendemain, j'allais déjà mieux. On avait enlevé le drain inséré dans mon dos pour ma circulation sanguine. Il ne me restait qu'à reprendre des forces pour me lever une première fois. J'étais clouée au lit. J'avais autant de morphine dans le sang qu'un étudiant du Barreau a de caféine dans le corps. J'avais l'impression d'être sur un mauvais trip de drogue. On devait appeler quelqu'un qui venait me tourner sur le côté pour me faire changer de position quelques fois dans la journée. Une vraie poupée de porcelaine. Quand on a une mobilité réduite, se rendre à la douche est impossible. Le lendemain matin suivant mon opération, j'étais dans ma chambre à lire des revues à potins et à manger mon petit-déjeuner. Une dame est entrée en me saluant. Elle avait une telle énergie que je l'ai tout de suite appréciée. Elle m'annonçait qu'elle allait s'occuper de me doucher avec l'aide de son collègue. Un beau duo formé de cette dame d'origine haïtienne et d'un homosexuel assumé extravagant en masse. Alors ils débarquent avec leurs seaux d'eau et leur débarbouillette, technique que je n'utilise plus depuis l'invention de la douche, et commencent le grand ménage. Pendant que Wendy s'occupe de ma gauche, Yvon s'occupe de ma droite. Jusque-là, tout est sujet à un auditoire grand public. Ce qui n'a duré qu'un moment. Ça cognait à la porte, c'était le malaise qui venait faire une tournée. En sa présence, je deviens groupie et je jacasse. De tout et de rien, mais je dois parler. Ils se sont mis à jaser aussi. Nous étions dans un vomi verbal franglais collectif. Rapidement, comme dans une blind date, les sujets nous manquaient. Le malaise nous regardait nous démerder avec cette situation particulière. On s'est mis à parler du premier sujet d'actualité que tout le monde avait sur le bout des lèvres : la mort de Michael Jackson. Pendant que je me faisais frotter l'entre-jambe, on était au beau milieu d'une grosse discussion sur le roi de la pop et de ce grand succès qu'avait été l'album *Thriller*. Je fixais le plafond et me laissais faire. Je me suis consolée en pensant aux autres patients à qui ils rendaient visite. Je les ai imaginés grâce à la description détaillée de mon père la veille. J'étais sûrement leur highlight de la journée.

En début de soirée, ma famille élargie est venue prendre de mes nouvelles, ce qui m'a donné encore plus d'énergie. J'étais enfin prête à me lever pour la première fois. L'infirmière de garde et un préposé étaient en train d'organiser ma levée. Mon père se tenait proche tandis que ma mère s'énervait dans le coin de la pièce. On m'a assise sur le bord de mon lit. Je sentais les agrafes se frotter dans le bas de mon dos, rien de confortable. Je me suis levée. J'ai littéralement eu l'impression que tout mon sang quittait mon corps et tombait sur le sol. J'avais la nausée et ma pression a chuté pour m'avertir de ne pas faire comme elle. J'ai fait quelques pas. Je ne me souviens pas de la première fois où j'ai commencé à marcher, mais je n'oublierai jamais la deuxième première fois. J'ai fait dix pas avant de demander à m'asseoir. Ma mère m'a aidée en stressant comme si j'allais casser en deux. Ah! Cette douce maman!

Et puis ils sont partis. Je me suis retrouvée seule dans ma chambre avec ma télévision qui chignait. De ma fenêtre, on voyait des feux d'artifice éclairer le ciel. C'était, je crois, la fête de clôture d'un événement important. Ça devait être pour moi, dans le fond. On fêtait l'arrivée du renouveau. J'ai versé quelques larmes. Je me demandais ce qu'il m'arriverait après. Ce qui est arrivé, c'est que mon infirmière de nuit est entrée pour prendre mes signes vitaux. Je ne sais pas si c'est sa machine qui le lui a dit, mais elle a vu que j'avais mal. Elle m'a quittée en me souhaitant une bonne nuit et en me répétant de l'appeler s'il y avait quelque chose. Au bout d'une heure, elle était de retour dans ma chambre avec une collègue. Elles se sont assises et on a discuté. La morphine pansait mes douleurs physiques et leur chaleur m'évitait de fondre en larmes. On n'a pas eu besoin de parler de Michael Jackson.

C'était finalement le moment de retourner à la maison, de reprendre les anciennes habitudes. On a dit au revoir à tout le monde. Les mercis volaient dans tous les sens. J'étais très heureuse de retrouver mes affaires. Durant mon absence, mes parents avaient entrepris de grands travaux dans la salle de bain du rez-de-chaussée. Les coups de marteau et les bruits de perceuse remplissaient mon silence, les visites de mes amis se faisant rares. C'était l'été et j'habitais loin. Je me désennuyais du mieux que je pouvais. J'ai fait assez rapidement le tour des séries télé et des Ciné-Cure à Canal Vie. Je regardais le temps passer. Heureusement, mon ami Mathieu a été là pour me faire décrocher. C'est lui qui m'a sortie pour la première fois de chez moi depuis mon retour. Un dîner pizza à volonté et rires, ça te ramène sur la bonne voie. Et puis, tranquillement, j'ai revu mes amis. C'était comme si rien n'était arrivé. J'ai fait comme si rien n'était arrivé. J'ai oublié ce qui venait d'arriver. Qu'est-ce qui venait d'arriver ?

REJET ET ENFERMEMENT

« LA GROSSOPHOBIE
RÉDUIT UNE
PERSONNE À
SON SURPLUS
DE GRAS. »

Marianne

JE N'AI JAMAIS EU D'AMI GROS

Lorsque je confie à Valérie que je n'ai pas d'ami gros et que je n'en ai jamais eu, elle est incrédule. Elle me lance un long « Heinnnnn ! ? » en ouvrant très grand les yeux et en reculant sur sa chaise. « Ben là ! Tout le monde a un ami gros ! »

J'ai scanné mon passé. J'ai fait défiler la longue liste de mes « amis » Facebook. J'ai même déterré mes photos de classe du primaire pour venir en renfort à ma mémoire déficiente. Après l'analyse rapide de mes amitiés depuis le Jardin du Sourire à trois ans, le constat que je fais est frappant. Mes meilleurs amis sont tous pareils. Tous blancs, francophones, de classe moyenne et plutôt minces. Seule exception récente à la règle : une anglo de Toronto. J'ai côtoyé avec joie des gens gras et obèses, mais ils n'ont jamais fait partie de ma gang. Ouain.

La théorie de Valérie, c'est que tout le monde a un ami gros, comme tout le monde a un ami gai. O.K. Deuxième survol de la base de données interpersonnelles. Au secondaire, un de mes meilleurs amis était homosexuel, à l'époque, je ne le savais pas. Tellement pas qu'il a été mon premier chum. Ça a été une fabuleuse première relation amoureuse, j'en garde un très bon souvenir. Mais depuis dix ans, je n'ai pas d'ami LGBT dans mon entourage rapproché. Ajoutons donc « hétéros » à l'énumération ci-dessus. Re-ouain.

Blancs, francophones, de classe moyenne, hétéros et plutôt minces. C'est la première fois que je dresse le portrait de mes amis sous cet angle. C'est une révélation... et ça me fait un peu capoter. Mes relations intimes les plus durables suivent un modèle unique. Je ne l'avais jamais réalisé avant de rencontrer Valérie.

Je peux justifier une partie du phénomène par la démographie de la banlieue où j'habitais dans les années 1980-1990, puis celle des programmes de communication des écoles francophones que j'ai fréquentées. Disons que la diversité, surtout de langue et d'ethnie, était quasi nulle. Dans un contexte où tout le monde est passablement pareil, il est vraisemblable que les statistiques n'aient pas joué en faveur de la diversité, mais aussi que la différence ait créé un certain malaise dans mon for intérieur. Qu'est-ce que je dis à quelqu'un de différent ? Est-ce qu'il va me comprendre ? Et si je le blessais ? C'est tellement plus facile de se lier avec ses semblables blancs, francophones, de classe moyenne, hétéros et plutôt minces, et de cumuler les points communs rassurants, non ? On se pose les mêmes questions, on ressent les mêmes émotions, on chérit les mêmes rêves. Et puis selon la période de vie, on chiale sur les mêmes choses : parents poches, chums immatures, enfants épuisants. On crie : « Oh my god ! On est tellement pareilles ! » et on trippe d'avoir trouvé des pseudo-sœurs jumelles avec lesquelles on peut échanger nos vêtements. Qui se ressemble s'assemble, et vice-versa. C'est la logique implacable du fort besoin d'appartenance de la jeunesse. Je n'y ai pas échappé. Rajoutons à cela ma sensibilité légendaire et ma tendance à l'introversion qui ont certainement nui à ma bonne ouverture d'esprit. J'ai beau être tolérante envers le monde en général, je suis douillette dans mes relations interpersonnelles. Venez pas trop me challenger, je braille déjà assez comme ça.

Peut-être que je cherche trop loin. Peut-être que les grosses personnes que j'ai croisées sur mon chemin n'étaient tout simplement pas de bons matchs amicaux. Il y a toujours eu un ou deux élèves qui avaient du surpoids à l'école. Je ne me rappelle pas les avoir rejetés consciemment. Avec la timidité maladive qui m'a accompagnée jusqu'au secondaire, je n'étais pas du genre à écœurer les autres. Mais j'ai sans doute pratiqué une certaine paresse, de l'indifférence, parfois même une complicité silencieuse lors de situations abusives. C'est plus insidieux que des insultes et des coups, mais c'est tout aussi dévastateur. Et ce n'est pas en ignorant quelqu'un que tu as une chance de savoir si une amitié est possible.

Au bout du compte, si mes amies ont toutes le même casting, c'est pour préserver mon confort.

Je savais que j'étais privilégiée, que je l'avais eu plutôt facile dans la vie. À 31 ans, je viens de saisir toute l'ampleur de ce privilège et comment il s'est déployé dans mes amitiés. Le privilège fixe les contours de ce qu'on considère «normal» et la structure du système qui l'accompagne. Être privilégié, ce n'est pas être le meilleur, c'est être dans les normes. Mais c'est parfois penser être le meilleur, parce qu'on est mince, qu'on a une longueur d'avance, parce que c'est plus facile. Être privilégié, c'est être dans la gang des populaires.

En soi, le privilège n'est ni mauvais, ni condamnable. Ce qui est dégueulasse, c'est lorsque les privilégiés cherchent à éliminer «les autres», à les exploiter ou à leur marcher sur la tête pour les maintenir dans une position subordonnée. Certains détenteurs de privilège agissent comme des missionnaires de la Normalité et prêchent avec enthousiasme : «Venez avec nous. C'est pour votre bien ! » La Norme avec un grand *N* est si douce à leur endroit, il leur paraît évident que tout le monde désire en faire partie et qu'il est impensable de vouloir faire autrement. Ou bien, ils sont comme moi et souffrent de cécité sélective, laissant les «étranges» vivre leur petite vie en parallèle sur leur petite planète. On ne voit pas les inégalités étant donné que nous, ou nos proches, n'en sommes pas victimes. L'avantage d'être mince, ou plutôt celui de ne pas être gros, permet à ceux dotés d'une silhouette svelte de vaquer à leurs occupations sans trop de soucis, à part celui (omniprésent) de maintenir ou d'améliorer leurs acquis sur la balance. On ferme les yeux sur des situations discriminantes parce qu'elles ne nuisent pas à notre confort.

Cette discrimination envers les personnes grasses porte un nom. En anglais, on utilise le terme *fatphobia*. En français, c'est un peu moins punché, mais c'est tout aussi équivoque : grossophobie ou obésophobie. C'est un comportement de rejet systématique, tout comme l'homophobie et la xénophobie. Dans ce cas-ci, on vise toute personne dont les bourrelets débordent du moule.

Vous voulez des exemples de grossophobie ? En v'là. Une grosse personne :

- Se fait regarder de travers dans n'importe quel contexte qui implique de la nourriture et est réprimandée lorsqu'elle se sert une deuxième assiette.
- Se fait vendre outrageusement cher des guenilles sans style pour couvrir son corps et possède une liste interminable de choses qu'elle ne devrait pas porter.
- Se fait répéter qu'elle ne trouvera jamais l'âme sœur, à moins qu'elle ne perde du poids.
- Se fait complimenter sur des parties précises de son corps : «T'as vraiment un beau visage » plutôt que par un «T'es belle ».
- Reçoit des conseils sur l'entraînement et l'alimentation de tous bords tous côtés alors qu'elle n'a rien demandé.
- Est présumée mal dans sa peau, sans volonté, paresseuse et en mauvaise santé.
- Est plus souvent diagnostiquée à la va-vite par un médecin qui met tous les maux sur la faute du surplus de poids.
- Est dépeinte comme une vierge asexuée ou une cochonne prête à tout en échange d'un peu d'affection.
- Est soupçonnée d'avoir un conjoint bizarre à tendance fétichiste (les gros sont dans une catégorie à part dans le XXX).

- Se voit plus fréquemment refuser l'accès à certains emplois ou à l'entrée dans un bar.
- Subit les soupirs désespérés de ses voisins de siège pendant les voyages en avion, en train, en autobus ou en voiture.
- Joue rarement le rôle du héros et plus souvent celui de l'acolyte un peu stupide ou du méchant pouilleux dans les films et à la télé.
- Récolte les ricanements et les moues de dégoût sur son passage.

Ça revole de tous les côtés : économique, affectif, social, sexuel. La grossophobie réduit une personne à son surplus de gras. On se fout de l'être humain qui est en dessous, il est étouffé dans la honte et le silence. Normaliser ou éradiquer les obèses est plus aisé quand on les considère comme des masses adipeuses identiques et anonymes.

C'est brutal. Je reconnais quelques-uns de mes comportements dans quelques exemples mentionnés plus haut, et pourtant je ne suis pas une sans-cœur qui fait la chasse aux obèses. C'est fou de constater que certains réflexes ou raccourcis intellectuels sont induits par une normalité hyperintégrée, merci au club Privilège de la vie dont je fais partie. Mon ethnie, ma langue, ma classe, mon orientation sexuelle et mon poids font de moi un membre VIP. Maintenant, je fais quoi ? Je culpabilise ? Pas très productif.

Semble-t-il que se brasser l'indifférence et reconnaître l'existence d'un privilège de poids serait un premier pas dans la bonne direction. Je viens de me lever de mon divan confortable, de nettoyer mes lunettes et de détacher mon regard fixé sur mon nombril. Peut-être que si je me tais et que je tends l'oreille, je pourrais me faire de nouveaux amis ?

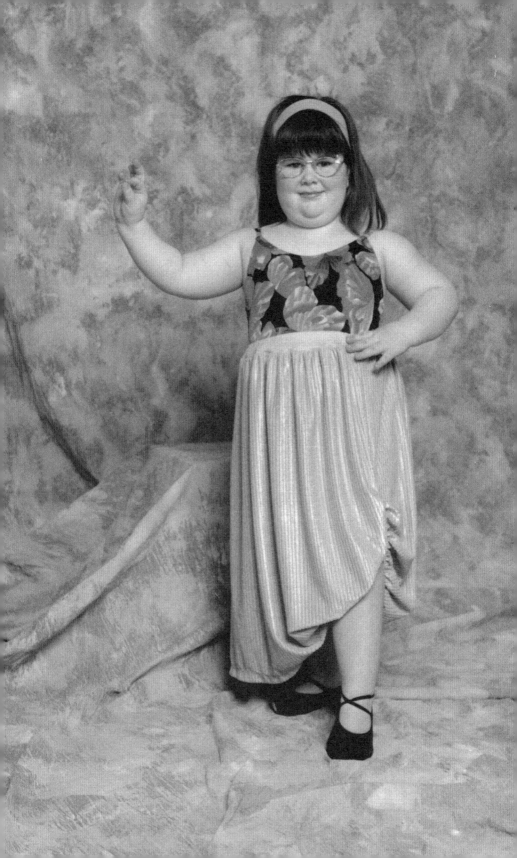

« J'ai l'impression d'avoir 34 ans en termes de maturité face à la vie, mais 14 ans en termes d'expérience. »

Valérie

LE JOUR OÙ MA VIE N'ÉTAIT QU'UNE FICTION

Honnêtement, les gens qui me connaissent et qui liront ce livre vont être sous le choc. À défaut d'avoir une identité secrète comme les superhéros, j'ai caché ma vie privée à beaucoup de gens, pendant très longtemps. J'ai hésité avant de m'engager dans ce projet parce que je savais qu'on découvrirait qui je suis vraiment. Parce que j'ai l'habitude de me fermer comme une huître lorsque je dois parler de moi avec sincérité.

J'ai cette image de la fille entourée d'une marée de gens. Une vedette au quotidien. Je n'ai jamais voulu qu'on apprenne vraiment à me connaître, alors je n'ai laissé personne essayer. C'est plus facile de jouer à la cachette. Seule. Personne n'est là pour me trouver. Faut juste assumer que le temps va être long. Très long. J'évitais les grandes discussions et les confidences. Je gardais tout en surface. Je me plaisais à être la fille qui ponctuait une conversation de blagues et d'anecdotes pas possibles. Je n'aurais pas voulu qu'on sache que j'avais déjeuné d'une trentaine de croquettes au poulet et que j'allais me bourrer la face dans un fast-food l'instant d'après. J'arrivais et je partais comme une tornade. Le temps passait rapidement dans ma tête et j'oubliais trop souvent d'en profiter.

Faut dire que j'ai toujours été une fille solitaire. Par défaut ou volontairement, je n'en sais rien. Ma seule certitude, c'était que lorsque j'étais seule, je me sentais en paix. Je m'autosuffisais. Les fois où j'ai essayé de m'intégrer à un groupe, ça n'a jamais bien fini. J'étais cette amie qui comprend et qui donne les meilleurs conseils. Mais je me rendais compte que je ne vivais pas les mêmes expériences. Je n'avais pas la même réalité qu'eux. J'étais la bonne amie, mais jamais la meilleure. J'ai eu la chance de revoir quelques-uns de ces amis perdus au cours des dernières années et j'ai senti que rien n'avait changé. Que j'étais toujours autant à l'écoute et que je me dévoilais toujours aussi peu. Encore aujourd'hui, on ne vit pas les mêmes choses. Pendant qu'une amie est maman et que l'autre s'est fiancée et a acheté une maison, je me sens comme une vieille adolescente qui ne sait pas quoi faire de sa vie, mais ça ne me stresse pas pour autant. Ça me rappelle qu'il était grand temps que je vive au jour le jour. Je le répète souvent, j'ai l'impression d'avoir 34 ans en termes de maturité face à la vie, mais 14 ans en termes d'expérience.

En remontant dans le passé, je me vois rarement entourée de vraies gens. Non, moi, je n'avais pas besoin de me lever de mon divan pour avoir des amis, j'avais juste besoin d'être scotchée devant la télé. Le stéréotype de l'obèse qui écoute la télévision sans arrêt, c'est moi. Je n'en ai pas honte, au contraire, je ne regretterai jamais d'avoir été autant fascinée par le petit écran. Ce que je regrette, c'est de ne pas avoir vu ce moyen de communication comme un simple divertissement. C'était devenu ma réalité. Quand ta vie se résume à pas grand-chose d'excitant, la télé te fait croire qu'elle est passionnante. Les concepts accrocheurs et le casting parfait, tout était là pour me rendre dépendante. Je connaissais toutes les émissions, je les écoutais, je les dévorais. Tout le concept, je l'adoptais. La publicité comme le contenu. J'arrivais de l'école, je m'assoyais toujours à la même place sur le divan et j'y décollais mon derrière seulement pour souper. Pas moyen de me faire décrocher. J'aimais ça. Mes parents savaient où j'étais, ils n'avaient nul besoin de me chercher. J'étais fidèle au poste.

J'ai vu plus souvent de relations amoureuses se créer à la télé que dans la vraie vie. Un téléroman, c'est essentiellement un montage de scènes qui aide à amener les téléspectateurs vers un dénouement précis. Dans la vie, on ne filtre pas ces moments-là, on les vit au complet. Quand il y a des malaises, on ne nous envoie pas à la pause publicitaire. Mais moi, j'ai toujours voulu voir le beau, le bon côté des relations humaines. Et quand t'es grosse, tu ne peux pas comparer ta vie à celle d'une personne normale. C'était plus fort que moi. J'avais juste ça dans la vie. Quand j'étais assise les yeux rivés sur l'écran, j'oubliais que j'étais la «p'tite grosse». J'ai plus souvent imaginé qu'un personnage m'avouait son amour que j'ai entendu un homme me dire «Je t'aime». Pas surprenant que je vois ma vie comme une sitcom. Pas besoin d'aller me faire mal dans la réalité, j'en avais une parfaite devant moi. Je m'installais bien confortablement sur mon divan, je vidais mon cerveau et je le remplissais. J'ai fini par perdre la notion de fiction. Tout tournait autour de ça. Je n'avais aucune envie de faire autre chose. Je suis une enfant de la télé.

J'admire les artisans de la télévision. C'est une tâche ardue de plaire à un public depuis le confort de son salon. Le plus difficile, c'est de lui faire oublier le temps.

Je pense que c'est ça, de la bonne télé. Te faire oublier que le temps que tu passes devant ton émission, tu ne le passes pas ailleurs. Ça peut aller beaucoup plus loin que ça. On finit par s'attacher à ces acteurs comme à sa propre famille. On retrouve toujours un peu quelqu'un que l'on connaît dans ces personnages colorés, ça nous sécurise et ça les rend plus humains. On aurait dit la représentation parfaite de mon monde utopique. On vit leur désespoir et leur malheur. On pleure avec eux. On rit avec eux. On a le goût d'être avec eux. On a le goût d'être eux. Pas étonnant que je vienne de passer les deux dernières années à écouter la série américaine *Friends* en boucle. Et moi qui ai toujours la larme facile, je ne fais même plus le décompte des fois où j'ai pleuré la douleur d'un de mes héros. Je ne peux pas faire autrement. Comme s'il était là, à mes côtés, à attendre de voir ma réaction pour que la sienne soit crédible. Je me sens privilégiée. J'ai parfois l'impression qu'on a attaché des ficelles à chaque extrémité de mes membres pour faire ce qu'on voulait de moi. J'étais un pantin de bois. Malheureusement, c'est aussi mon nez qui allongeait pour me mentir à moi-même et croire d'aussi gros mensonges.

«VOUS NE DEVEZ PAS TENIR POUR ACQUIS QU'UNE GROSSE PERSONNE DÉTESTE SA VIE ET SON CORPS.»

MARIANNE

SIX PHRASES À ÉVITER POUR DEVENIR
LE BON AMI D'UNE PERSONNE GROSSE

Comme vous, sans doute, j'ai les meilleures intentions du monde quand vient le temps de jaser à cœur ouvert avec une personne qui souffre d'embonpoint ou d'obésité. Mais j'ai peu d'expérience dans ce type de conversations et j'ai souvent peur de faire mal à quelqu'un à qui je veux du bien.

J'ai senti le besoin de faire quelques recherches et de consulter Valérie pour déconstruire les élans paternalistes qui m'habitent. Voici une liste de phrases qui sonnent « gentilles » à votre oreille, mais qui peuvent faire saigner celles des personnes grosses de votre entourage.

« Mais tu n'es pas grosse ! »

POURQUOI IL NE FAUT PAS LA DIRE : Parce que c'est un mensonge. La personne en face de vous EST grosse. Elle le constate tous les jours de sa vie et peut-être qu'elle se le fait crier dans la rue par des gens pas gentils. Essayer de nier ce fait ne donnera rien du tout, même que cela peut avoir des effets dévastateurs sur une personne obèse. Comme si la réalité dans laquelle elle vivait n'était que le fruit de son imagination ou insignifiante. Valérie fait le parallèle avec quelqu'un qui se déplacerait en fauteuil roulant : « Tu ne lui diras pas "Mais tu n'es pas handicapé !" C'est aussi évident ! »

VOTRE INTENTION ÉTAIT BONNE : Peut-être vouliez-vous dire que ça ne change rien à votre relation avec elle que cette personne soit grosse ? Que vous voyez beaucoup d'autres choses en elle que son poids ? Ça, c'est mieux !

DITES PLUTÔT : « Je t'aime comme tu es. »

« Ça ne doit pas être facile. »

POURQUOI IL NE FAUT PAS LA DIRE : Parce que vous ne devez pas tenir pour acquis qu'une grosse personne déteste sa vie et son corps. Ce n'est pas parce que la société hait les corps gras, qu'elle les traque et qu'elle les cache, que cette personne sent qu'elle devrait faire la même chose avec le sien. En fait, en disant une phrase du genre, bien que vous reconnaissiez cette pression, vous sous-entendez aussi que votre ami est anormal, voire laid. Ce qui fait pomper Valérie, c'est qu'on présume sans vraiment s'intéresser à ce que la personne vit réellement : « Quand t'es gros tu deal avec. C'est ça ta vie. C'est une histoire de quotidien, ça va plus loin que facile/difficile. »

VOTRE INTENTION ÉTAIT BONNE : Hummm, non. Même plein d'empathie, c'est un commentaire obésophobe. Peut-être faites-vous de la projection ? Vous imaginez que si vous étiez à la place de votre ami, vous trouveriez votre vie difficile ?

DITES PLUTÔT : « Comment vas-tu ? »

« As-tu essayé de couper le gluten/tes portions/alouette ? »
POURQUOI IL NE FAUT PAS LA DIRE : Avant d'offrir des conseils qui concernent l'alimentation, les diètes ou même l'exercice, attendez qu'on vous le demande. Si vous tentez de « réveiller » cette grosse personne avec des remarques paternalistes, c'est peine perdue. « Tant que tu ne comprends pas que t'as un problème, ça ne change rien. Tu vas répondre : "Ah, O.K." et passer à un autre appel. » explique Valérie. Aussi, vous ne pouvez pas présumer que tous les gros ont une relation trouble avec la nourriture. Peut-être que cet ami à qui vous offrez gracieusement votre savoir en connaît plus que vous sur le sujet ! Si on vous demande votre avis, recommandez des professionnels de la santé. Avant de commencer une remise en forme ou de changer son alimentation, c'est une bonne idée de consulter un médecin.

VOTRE INTENTION ÉTAIT BONNE : Vous êtes sans doute inquiet de l'état de santé de cette grosse personne et vous aimeriez qu'elle fasse attention à elle en mangeant sainement et raisonnablement. Malheureusement, vous ne pouvez pas le faire à sa place. Vous devez lui faire confiance.

DITES PLUTÔT: Ne dites rien. Valérie suggère d'inviter votre ami à souper à la maison, de l'impliquer dans la préparation du repas, de lui suggérer des recettes. Mais attention: « Dis-moi que c'est vraiment bon. Pas que c'est santé ou amaigrissant, ça c'est buggant. »

« Je te comprends tellement! »

POURQUOI IL NE FAUT PAS LA DIRE: À moins d'avoir déjà été obèse, vous ne pouvez pas « comprendre tellement ». Valérie hurle: « Sérieusement, tu ne peux pas comprendre ce que c'est que de vivre tout le temps dans une bulle! » Ce n'est pas parce que vous avez déjà vécu la frustration de ne trouver aucun vêtement à votre taille ou que vous avez essuyé des commentaires dégradants sur votre physique que vous savez ce qu'une personne obèse traverse tous les jours. Ce sont des moments pénibles qui vous permettent de développer une certaine solidarité et de créer des rapprochements, mais ne prétendez pas tout saisir.

VOTRE INTENTION ÉTAIT BONNE: Partager une expérience commune: celle d'avoir son corps constamment scruté et jugé par l'œil public, et ce, peu importe de quoi vous avez l'air.

DITES PLUTÔT: Comment vous avez vécu cette frustration. « Échangez pour trouver une émotion commune, pour comprendre l'autre au lieu de sortir des phrases pseudo-empathiques », recommande Valérie.

« On le savait que tu dirais non. »

POURQUOI IL NE FAUT PAS LA DIRE: Ce n'est pas parce que votre ami gros refuse souvent vos invitations que vous devez arrêter de lui proposer des sorties. Selon Valérie, ça vaut la peine d'être persévérant, à la limite achalant: « Quand on dit non, c'est parce qu'on a peur d'être mal à l'aise, on doit y réfléchir et ça nous rentre dans la tête. Au

bout d'un moment, j'ai réalisé que c'était moi qui me mettais à part. »
En gardant votre main tendue vers cette personne, elle sera plus
encline à sortir de sa zone de confort. Elle sent que vous ne l'oubliez
pas. Si, en plus, vous l'encouragez à accepter, « vous lui montrez que
tout est possible ! » dit Valérie en souriant.

VOTRE INTENTION ÉTAIT BONNE : Prendre un raccourci et éviter à
votre ami gros le malaise de refuser une invitation.

DITES PLUTÔT : « Allez ! Viens donc ! »

« Je me sens grosse. »

POURQUOI IL NE FAUT PAS LA DIRE : Parce que c'est franchement
blessant. Dans les mots de Valérie : « COME ON. Où as-tu pu vivre
ça ? T'as trop mangé ? Sorry, c'est pas ça être gros. » Tout le monde
a ses mauvaises journées, ses mauvaises passes. Ventiler son insatisfaction et ses complexes face à son corps peut vous faire du bien.
Mais vous pourriez peut-être vous plaindre de votre poids à quelqu'un
qui ne pèse pas le double du vôtre ? Question de délicatesse.

VOTRE INTENTION ÉTAIT BONNE : Non, elle était plutôt égoïste.

DITES PLUTÔT : « Je me sens mal, inconfortable, gonflée. » Ou encore,
abordez plus précisément l'objet de votre insatisfaction : « Je n'aime
pas mes cuisses. »

Et puis, c'était instructif ? Mais vous le savez comme moi, il ne
s'agit pas seulement d'enlever six phrases de vos discussions pour
développer une relation de confiance avec une personne grosse.
La clé, c'est l'écoute. Une écoute équitable. Valérie explique : « On
est des bonnes oreilles, mais en retour, on n'essaie pas vraiment
de nous comprendre. On affirme plein de choses sur les gros sans
jamais poser de questions. Demande-le-moi et je vais te le dire ce

que je pense, ce que je vis, comment je me sens. Mais il faut que tu
sois prêt à entendre ce que j'ai à dire. Es-tu prêt à entendre la vérité ?
Ou veux-tu que je continue à te faire accroire que tout est correct ? »

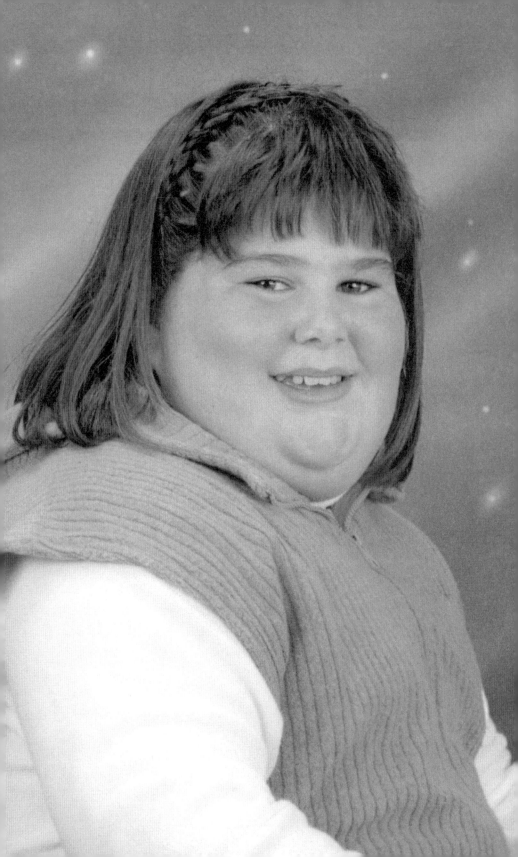

« Et moi qui croyais être surhumaine, j'étais juste surdimensionnée. »

Valérie

LE JOUR OÙ JE ROULAIS À CONTRESENS

J'étais étudiante au cégep. Une débutante dans ce monde qu'est le réseau de transport de Montréal. Quand j'étais au secondaire, j'ai eu cette chance de pouvoir marcher chaque matin pour me rendre à l'école. Une bonne randonnée d'une trentaine de minutes matin et soir. C'était devenu mon moment d'évasion et je l'appréciais particulièrement. J'aimais être seule, dans mon monde, à laisser mon esprit partir dans ses histoires et mes jambes me guider à la lenteur qu'elles voulaient.

Je prenais toujours le même chemin en écoutant les mêmes chansons. Une routine devenue indispensable pour mon bon fonctionnement mental : typique, venant de moi. Au quotidien, chaque habitude que je répétais plus d'une fois devenait automatiquement une quasi-obsession. Par exemple, je m'assois toujours à la même place sur le divan, j'utilise toujours la même toilette publique quand je vais fréquemment à un endroit et je ferme toujours la porte de ma chambre la nuit, alors que j'habite seule. Je me protégeais en meublant ma solitude de routines pas possibles et de faux rituels. J'ai besoin de temps pour me sentir à l'aise dans un nouvel environnement. J'aime savoir où je m'en vais. L'inconnu m'angoissait et m'angoisse toujours. Bien plus qu'on ne pourrait le croire. Je suis une freak. Si j'ai un rendez-vous à un endroit où je n'ai jamais mis les pieds, je me fais quatre plans préliminaires pour m'y rendre. Je vais sur Internet des semaines à l'avance pour regarder des photos des lieux. Ça me donne l'impression d'y être déjà allée, de connaître le coin, de me sentir moins perdue. Ça m'évite d'avoir l'air touriste. J'arrive avec quarante minutes d'avance et je stresse tout le long en m'y rendant. Je programme de la musique parfaite pour avoir l'esprit à la réflexion. Une fois sur place, trop en avance, je m'imagine des scénarios qui pourraient se produire. Je dis bien « pourraient », car rien n'arrive jamais comme je l'avais prévu. C'est la magie de ma personnalité. Je continue cette belle mascarade. Je pratique mon entrée, mes mimiques, mes intonations. Je ne veux rien laisser au hasard. Une horloge réglée au quart de tour est à côté de la track comparée à mon exactitude. Je suis une freak oui, une freak des rencontres parfaites. Une fois le premier contact établi, tout va comme sur des roulettes. On dirait que j'ai fait ça toute ma vie, être naturelle et à l'aise. Je me hais des fois.

Il était certain que l'entrée au cégep m'éloignerait de mes bonnes vieilles pantoufles et accentuerait ce maudit défaut. Je devais maintenant m'infiltrer dans la parade. Juste de la regarder passer, j'étais à bout de souffle. Et puis, il y a eu la première journée. J'avais la chienne. Je devais prévoir mes déplacements dans le monde souterrain de la ville comme si je partais en voyage avec un sac à dos en Europe tous les matins. Il n'y a rien de confortable dans un métro bondé à 7 heures du matin, je vous le garantis. Pour avoir occasionnellement utilisé ce service de transport avant de devoir en faire mon quotidien, je savais dans quoi je m'embarquais. Les quelques fois où j'avais eu à me déplacer avec autre chose que mes troncs d'arbres, je n'avais pas vécu les plus belles expériences. J'avais souvent été le sujet de bien des rigolades. Une fois de temps en temps, ça passe ; mais vivre ça tous les jours, c'est une autre paire de manches. On dit souvent que les enfants sont méchants, les adultes, eux, sont mesquins. Ils font aussi mal avec un simple regard. Je devais être solide pour passer à travers une marée d'yeux remplis de jugements. Pour endurer des soupirs destructeurs parce que tu prends de la place et que tout le monde doit s'empiler. Pour voir les chorégraphies oculaires des gens assis qui te zyeutent de haut en bas avec le visage pincé comme s'ils venaient de croquer un citron. Même les automobilistes qui me voyaient attendre l'autobus me regardaient comme si j'étais une extraterrestre. Sincèrement, est-ce que je suis si immonde que ça pour que tu grimaces autant ? J'ai fini par croire que oui, effectivement. Erreur numéro un. J'étais gênée de me montrer en public telle que j'étais, une obèse morbide. Parce que oui, c'est le vrai terme et il m'écœure autant qu'il vous répugne. Je pense que j'aurais pu faire comme Obélix et porter un menhir dans mes bras qu'on n'aurait toujours vu que la grosse fille. Et moi qui croyais être surhumaine, j'étais juste surdimensionnée. J'avais le corps gros. Ce n'est pas l'expérience la plus flatteuse. Voyager en transport en commun n'a rien de glamour. On ne se fait pas dorloter dans une limousine avec air climatisé et champagne inclus, non, c'est rustique, quasi préhistorique. Il fait chaud là-dedans. On dirait qu'on roule sur de l'asphalte fraîchement étendu, que les fenêtres sont toutes fermées et que la seule brise qui pourrait t'aider c'est celle de ta carte mensuelle que tu fais aller comme si c'était des ailes de papillon. J'ai toujours eu quatre cents fois plus chaud que n'importe qui. Étant une fille chaleureuse, j'ai l'impression que mon corps a pris le concept trop à cœur. On pouvait me qualifier de thermos. Mon regard sincère et mon sourire éclatant ne suffisaient plus à démontrer ce trait qui me décrit à merveille.

Dans ma vie, rien ne vient en format ordinaire, pas même ma personnalité. Faut toujours voir gros, voir gigantesque. Bien souvent, ça frise l'exagération, qui vire parfois au ridicule. Dans cette situation très particulière, j'étais devenue une caricature de moi-même. J'ai fini par être cette fille grosse qui a l'air d'avoir trop chaud et d'être vraiment inconfortable dans sa peau. J'avais les chutes Niagara qui me coulaient du front jusqu'au menton. D'autant plus que j'ai le teint très pâle, parfait pour accentuer mes joues rouges. Je me sentais déjà vivre mes premiers symptômes de ménopause durant mon adolescence; imaginez mon début de vingtaine, je me liquéfiais tout simplement. À cette étape, mes bouffées de chaleur et mon existence pouvaient, toutes deux, être qualifiées de suffocantes. Être prise comme de la sardine en boîte, ça me faisait suer. Avoir honte d'être moi-même devant les autres, ça me faisait suer encore plus. J'ai fini par en suer des yeux.

Mes déplacements à bord de la STM étaient devenus le pire moment de ma journée. J'ai toujours bien vécu avec mon obésité. J'avais cette joie de vivre quand je m'exprimais qui faisait oublier mon physique. Lorsque le silence est de mise, on n'a pas d'autres choix que de se taire. Ça me hantait tellement que je restais pendant des heures après mes cours à ne rien faire pour éviter de vivre ce calvaire tout de suite. J'avais besoin de charger mes piles, de décompresser, parce que ce n'est jamais gagnant de brailler dans un autobus, grosse ou pas. Le trajet n'avait pas été facile sur le moral ce matin-là. Une gang de filles dans le fond de l'autobus s'était fait un petit cocus pour établir que j'étais un bon sujet pour un lynchage collectif de rires gras. Je les avais entendues dire : « Check la grosse, ouache ! » Je les ai écoutés, ces rires, ils résonnent encore. Ça te gâche un matin. J'avais une fois de plus l'impression d'être un éléphant qui voulait passer par un trou de souris. Même avec toute la volonté du monde, je ne fittais pas. Le soir, je revenais chez moi, le moral à terre, mais le sourire collé au visage. Chaque jour, j'essayais de trouver un moyen pour suivre ma routine en croisant le moins de gens. Impossible quand on a un horaire à respecter. J'ai lâché des cours au cégep qui se donnaient trop tôt le matin pour éviter la grande mascarade. Je savais que j'allais devoir voyager à l'heure de pointe. Angoisse totale.

Et puis, il y a eu le coup de grâce. Le summum du stéréotype de la fille grosse. Je suis tombée malade, mon dos et mes jambes étaient à bout de souffle, et moi, à bout de nerfs. Chaque jour, j'avais l'impression que le trajet devenait de plus en plus long et difficile. Au bout d'un moment, j'ai dû trouver un moyen de m'aider. J'ai fini par m'acheter une canne en sortant du métro Mont-Royal, entre deux cours au cégep. À 21 ans, on rêve d'avoir un gars à son bras, pas un bout de métal. Mon poids était bien plus qu'un handicap pour moi, c'était devenu ma définition. Tout tournait autour de ma rondeur. Je ne sais pas si c'est l'abus de fast-food ou la réalité qui me rattrapait, mais j'avais le cœur au bord des lèvres. Jusqu'à cette étape de ma vie, j'assumais. Passé ça, je dépérissais.

C'était drainant. Je trouvais ça drainant d'exister en public. L'angoisse est devenue ma compagnie quotidienne. Mes vieilles habitudes ont été remplacées par une nouvelle routine étourdissante. J'allais devoir vivre chacune de ces futures journées comme si elles n'allaient jamais se répéter. Je ne sais pas si ça existe un burnout de transport, mais c'est ma seule façon de voir jusqu'où s'est rendu mon mal de vivre.

J'ai fait l'achat de l'auto de mes rêves, que mon budget me permettait. Une Volks argentée qui me faisait de l'œil chez le vendeur de voitures d'occasion. En signant mon contrat d'achat, je venais de signer un pacte avec le diable. Le toit ouvrant et les sièges chauffants m'ont complètement hypnotisée. Je ne comprenais pas que je nourrissais davantage la grosse en moi. Mon Dieu qu'elle avait faim et qu'elle avait soif de bonheur ! Je continuais d'alimenter mon déni dans les services au volant et les chansons pop à la radio. Je me sentais en contrôle. J'allais du point *A* au point *B* sans me soucier des autres. Mon poids montait à une vitesse fulgurante. Je me sentais pleine. Erreur numéro deux. Quand je m'assoyais sur le siège du conducteur et que je fermais la porte sur moi, j'avais l'impression d'être dans un bunker où rien ne pouvait m'atteindre, pas même ces rires que j'entendais dans ma tête. Et puis, un jour, tu te rends compte que tu nourris ton mensonge à coup de pompe à essence et de stationnement en parallèle. Ce n'est pas une belle journée. Je n'en suis pas fière. C'est seulement plus tard que j'ai compris que j'étais la cause de cette défaite. J'ai laissé mes démons prendre le contrôle de ma vie. J'ai fait de la peur mon Jiminy Cricket. Je cherchais trop à me définir, à comprendre qui j'étais par les mots. J'ai oublié d'être, simplement. J'ai oublié que j'avais le droit d'être sans qualificatif et sans définition. Que j'avais le droit de me sentir perdue et en dehors de ma zone de confort, car c'est aussi ça, découvrir un nouveau monde. C'est ainsi que j'ai fini par faire la rencontre de l'inconnu : moi.

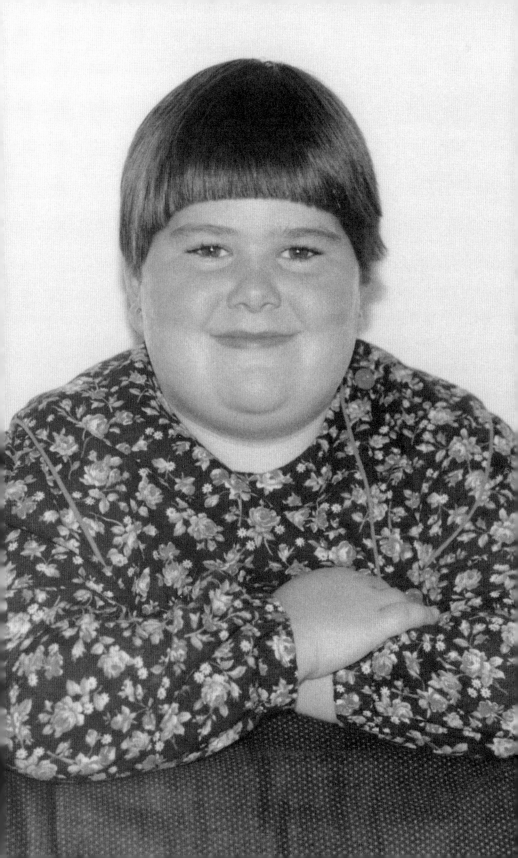

« ON EST TOUS
LE NOUNOURS
DE QUELQU'UN. »

Marianne

LE SYNDROME DU NOUNOURS

Alors que mon amitié avec Valérie se développe et s'approfondit, je remarque à quel point j'ai pu être condescendante avec des personnes grosses. Comme si je leur faisais la grâce de leur accorder mon attention.

En bonne samaritaine, je sauvais brièvement des « pauvres rejets » de l'isolement et ma bonne action de la journée était faite. Dans ma tête, tout le monde était content. Mais c'est surtout mon ego qui en ressortait grandi. Quelle attitude de marde. Je fais mon mea culpa sur Facebook à Valérie.

M. — on a l'impression qu'un gros ne peut pas nous refuser notre amitié

V. — on est juste trop fins

M. — que c'est la personne « normale » qui décide si tu peux être son ami ou pas

V. — les grosses prennent ce qui passe parce qu'elles ne peuvent pas être sélectives

M. — voilà

V. — les gros, eux, c'est des nounours réconfortants mais mous aux yeux des M. Muscle

M. — c'est le syndrome du nounours !

V. — la fille qui fait des gros colleux ! AAAAAAHHHHHHAAAAAAHHHHHH !

M. — celle que tu serres fort et à qui tu dis « J't'aime », toujours en ami

V. — la friend zone

M. — c'est la fille à qui tu confies tout

V. — que tu traînes partout mais qui ne parle pas

M. — right

V. — et si elle parle, c'est en surface

M. — genre une banque de phrases « pré-enregistrées »

V. — et quand c'est fini, toi tu vas vivre tes trucs de malade et elle reste devant sa tv en silence à attendre que tu reviennes

M. — hon, c'est ça pareil :(

V. — c'est très ça !

M. — mais c'est comme de la codépendance

V. — oui, on est forts là-dedans

M. — pis nous autres, à être caves sans s'en rendre compte

V. — j'ai un ami nounours moi aussi tsé

M. — on est tous le nounours de quelqu'un

« On veut rire plus fort, crier avec plus d'intensité et se sentir complètement dépassé. »

Valérie

LE JOUR OÙ J'AI FAILLI NE PAS AVOIR DE PLAISIR

Aller à La Ronde a toujours fait partie d'un certain rituel estival. Ça et le zoo, deux endroits incontournables pour profiter de notre temps libre lors d'une belle journée de congé l'été. Une activité, cependant dispendieuse, que l'on souhaite apprécier au maximum.

La meilleure solution pour éviter tout désastre, c'est de se faire accompagner d'une valeur sûre. Au même titre qu'un garçon n'emmènera pas une fille qu'il trouve un peu ennuyante dans un souper cinq services. Je n'ai pas réfléchi longtemps, le choix était évident. Cette compagnie du tonnerre, ma partenaire en chef, c'est ma cousine Jacinthe. Au-delà du lien de sang, elle et moi, on est sur la même longueur d'onde. Avec moins d'un an de différence qui nous sépare, le terme «meilleure amie» peut aussi être employé pour étiqueter notre complicité. On a joué ensemble, on a fait des niaiseries, et on a toujours été là l'une pour l'autre. Alors, une parfaite journée, avec une parfaite activité et accompagnée de la parfaite chum de fille, ça promettait d'être une journée légendaire. Ce fut le cas.

La journée a probablement commencé comme toutes celles que l'on passe ensemble, à hurler des succès des années 2000 dans ma voiture, en route vers notre destination. On devait rire aussi, aux larmes, parce que c'est la colonne vertébrale de notre relation. Entre une chanson pop et des éclats de rire, nous avons fait notre entrée dans le parc d'attractions. Aussi magique que dans mes souvenirs. D'un pas rapide, nous nous sommes mises à dévaler l'allée asphaltée menant à nos manèges préférés. On s'est précipitées directement sur le bateau pirate. C'était une tradition non établie que l'on a toujours entretenue, j'en suis persuadée. Ça commence bien une journée de folies. La file d'attente était très courte et mon cœur palpitait dans ma poitrine. Parce que c'est ce que l'on ressent à La Ronde. On veut rire plus fort, crier avec plus d'intensité et se sentir complètement dépassé. Pour utiliser une expression que j'apprécie particulièrement : on capote ! Enfin, on nous appelle à bord. Comme des matelots surexcités, on défile devant le capitaine du voyage qui nous comptait pour remplir le manège. La musique ultraquétaine m'enveloppait. C'était parti.

L'excitation dirigeait mes jambes et mon cœur donnait le rythme. Mais, au moment de franchir le tourniquet, la honte, mon pire ennemi, qui n'était vraiment pas invitée à naviguer sur la même vague, a débarqué.

Ça ne passait pas. Je dis ça parce que, lorsque j'ai mentionné le tourniquet, vous avez tout de suite compris ce qui allait suivre. On la voit, l'image de la fille débordante de joie et de chair, rester coincée aussi bêtement. On les voit les pommettes rouges de gêne et de chaleur de la demoiselle qui tente du mieux qu'elle peut de s'en sortir. Moi, à ce moment précis, je me suis sentie comme une vieille Cadillac trop large, qui veut se garer dans une place beaucoup trop petite. C'est malaisant. J'avais beau faire une série de manœuvres et de contorsions, c'était serré. Trop serré. Le plan de procéder en douceur ne fonctionnait véritablement pas. Dans une routine de « rentre ton ventre» et «défonce tout sur ton passage», mon corps a fini par passer. Cet échange féroce m'a malheureusement fait perdre quelques points d'inaptitude sur ma passe journalière du bonheur.

Malgré tout, je suis ressortie, la joie au cœur tellement j'étais retombée en enfance. On se devait d'en profiter au maximum. Devant le Splash, j'ai remarqué des gens qui utilisaient des fusils à eau pour arroser une deuxième fois ceux qui sortaient fraîchement trempés du manège. Et c'est alors que j'ai entendu un éclat de rire à ma droite. Un bon gros rire sincère, un peu gras, un peu snob, avec un soupçon de Laurence Jalbert. Audrey! Impossible que ce soit quelqu'un d'autre, c'est elle, assurément. J'ai lâché un très aigu et fort «Audrey, ben voyons, qu'est-ce que tu fais là?» La surprise au visage et le sourire fendu jusqu'aux oreilles, on tombe dans les bras l'une de l'autre. Les deux amis qui l'accompagnent s'exclament à leur tour. Ma cousine, quant à elle, ne comprend pas ce qui se passe. De courtes présentations, et tout le monde a fait connaissance. Ce qui est bien avec ces trois heureux amigos, c'est que peu importe les circonstances, on se croirait sur une grosse glissade qui descend un arc-en-ciel. Ils sont de ces gens qu'on aimerait toujours appeler pour boire un drink, manger des tapas et raconter des anecdotes parmi les plus cocasses. Ils étaient là dans le même but que nous: avoir du plaisir. Voulant se rappeler ce moment où l'on s'est croisés à La Ronde par hasard. On a décidé de poursuivre cette aventure en gang. Je savais que ma cousine les apprécierait. Pendant que Philippe me piquait une jasette et qu'on rigolait des clowneries qu'Antoine mettait en scène pour le bonheur de sa douce et de ses acolytes, on avançait vers notre destinée. On a commencé par les manèges qui se situaient au milieu dans l'échelle d'émotions fortes. J'avais réussi à passer à travers l'évènement de la case de départ et retrouvé l'espoir que cette journée soit quasi parfaite. Tout baignait dans l'huile. De la Queue de Castor pour combler notre gourmandise aux fourmis dans mon ventre jusqu'en haut de la Grande Roue, tout tournait rond. On devait monter l'adrénaline d'un cran et attaquer les plus grosses bêtes. À la sortie du village médiéval, on est tombés face à face avec cette énorme structure au gabarit parfait pour alimenter notre quête du Graal. C'était le temps de faire vibrer nos cordes vocales durant les trois minutes de descente. On est entrés dans le labyrinthe. On trépignait comme des enfants le 24 décembre qui attendent impatiemment de développer leurs cadeaux. Et plus l'enclos rapetissait, plus le moment de vérité approchait. On n'était plus que nous cinq à attendre le prochain wagon. Enfin, c'était à notre tour.

Je me suis assise. Oh ! C'était serré ! J'avais les fesses ultracompressées dans le siège. Plus j'étais coincée, moins je croyais subir de dommages s'il arrivait un déraillement.

Quelle logique de sans-dessein ! On a abaissé la barre sur mon ventre. Comparée aux trois personnes assises à ma droite, je faisais le double de leur épaisseur. Sur un fond d'ondes de radio émetteur, j'ai entendu les mots qui allaient diriger une situation embarrassante, pas à peu près : « 92 NÉGATIF ». J'ai alors fait le lien entre le numéro que je voyais inscrit devant mon siège et l'employé au polo bleu qui se dirigeait vers moi. Tout le monde était prêt à décoller, je retardais le groupe. Le gars a agrippé les poignées de l'armature de sécurité et il a poussé. Confirmation instantanée dans le haut-parleur : « TOUJOURS NÉGATIF. » J'ai tout de suite pensé à la réaction des gens qui m'accompagnaient. Je sais à quel point ce genre de situations blessait mon entourage. Avec des amis que l'on voit rarement : méga angoissant. Leur regard rempli de leur cœur en or, ils ont tous espéré autant que moi que ça puisse barrer et qu'on passe à autre chose. Le garçon, maladroit, a poursuivi la tentative avec une technique que j'avais développée le matin même : davantage de rigueur et définitivement moins de gants blancs. La situation persistait et l'attention de tous était sur moi. Je me sentais handicapée. Mon honneur venait de prendre ses jambes à son cou. S'il avait fallu que je me lève et que je parte, moralement, je n'en aurais pas été capable. Ils étaient deux employés, et un troisième semblait vouloir venir s'en mêler. J'étais un défi aussi important à relever qu'ouvrir un pot de cornichons scellé trop fort. J'ai regardé un des gars et je lui ai dit, sans détour : « O.K., pousse avec tout ton corps, je m'en fous que ça me fasse mal. » La douleur physique blesse nettement moins longtemps que cette situation sur ma mémoire. Et, après l'une des plus belles clés de bras que j'ai vue, digne de la lutte professionnelle, nous avons tous entendu le « clic ». Enfin, le jambon était prêt ! Pas moyen d'expirer un bon coup pour faire baisser le sentiment de panique, j'étais compressée comme du baloney. Je me suis mise à rire jaune pour camoufler l'humiliation. Ça n'a malheureusement pas empêché cette scène de se terminer par les applaudissements de la foule.

J'avais des attentes monstres envers ce géant. C'est là que la magie a opéré. À la première descente, j'étais conquise. Je hurlais de bon cœur. La petite fille en moi venait encore une fois de me prouver qu'elle avait plus envie de jouer que de s'en faire avec ça. Parce que c'est ce que l'on ressent à La Ronde. On veut rire plus fort, crier avec plus d'intensité et se sentir complètement dépassé. Même si cette situation pouvait se reproduire, j'étais convaincue que le plaisir de ce moment mémorable entre amis resterait indélébile.

« C'EST PAS PARCE QUE
T'ES GROS QUE
TU VEUX PERDRE
DU POIDS. »

MARIANNE

PETIT RAPPEL

C'est pas parce que t'es mince que t'es en santé.
C'est pas parce que t'es gros que t'es malade.
C'est pas parce que t'es mince que tu suis un régime.
C'est pas parce que t'es gros que tu manges mal.
C'est pas parce que t'es mince que tu prends soin de toi.
C'est pas parce que t'es gros que tu veux perdre du poids.
C'est pas parce que t'es mince que tu vas vivre vieux.
C'est pas parce que t'es gros que t'es pas heureux.
On a parfois tendance à l'oublier. La taille et l'apparence d'une personne ne donnent pas un portrait complet ni juste de son bien-être. La santé, ce n'est pas standardisé. Ça vient, ça va, et ce, dans tous les formats.

ÊTRE SOI-MÊME ET ESTIME DE SOI

« UNE CARAPACE
SOLIDE COMPOSÉE
DE JOKES ET DE
BLING-BLING POUR
PARER LES COUPS
ET LES BLESSURES. »

Marianne

Les difficultés de l'enfance et de l'adolescence façonnent la personnalité, c'est indéniable. On comprend alors d'où vient le charisme de Valérie. Elle a pratiqué l'autodéfense émotive pendant des années : l'imagination pour résister à l'ennui, la générosité pour contrer le rejet, l'humour pour désamorcer l'humiliation.

Sa personnalité a été son armure. Une carapace solide composée de jokes et de bling-bling pour parer les coups et les blessures. Quand tu es si grosse que le camouflage est impossible et que l'esquive est absurde, aussi bien changer de stratégie et faire de l'obésité ton alliée, ton élément distinctif, ton arme secrète. Porte-étendard claquant au vent, son poids était son identité.

Plusieurs années plus tard, Valérie change son fusil d'épaule. Depuis qu'elle a perdu du poids, sa grosseur ne peut plus être son modèle de base : « J'ai forgé ma personnalité autour de ce handicap, de cette maladie. J'aurais aimé comprendre que je n'en avais pas besoin. Imagine si j'avais joué au soccer ! Ça aurait changé ma personnalité et ma vie aussi. »

Mais elle n'a pas joué au soccer. Elle a entraîné son esprit plutôt que son corps et s'est habilement créé un personnage de grosse si attachant qu'elle a embarqué tout le monde dans son jeu. « Mes amis oubliaient de quoi j'avais l'air. Aujourd'hui, ils me disent : "Val, je ne m'étais pas rendu compte à quel point t'étais grosse, à quel point t'étais pas en santé." »

Dans son propre rôle, Valérie en met plein la vue. Elle s'appelle elle-même « la grosse » et fait des blagues de toutounes avant que quiconque ose les faire. En tant que chauffeuse de taxi autoproclamée, elle trimballe ses amis partout dans la ville en chantant des hits pop à tue-tête au volant. Tout le monde l'apprécie pour son oreille attentive et ses conseils avisés. Et que dire de sa générosité ? Elle n'hésite pas à payer des tournées au resto à sa gang et à offrir des cadeaux. Valou, elle est nice. Et elle s'habille bien. En fait, sa garde-robe est proportionnelle au mensonge de sa double vie : gigantesque. Elle s'achète constamment de nouveaux vêtements pour cultiver son allure cool.

En maîtrisant son image, elle perd complètement le contrôle de ses finances. Les factures s'accumulent, puis les retards de paiement, mais l'acheteuse compulsive se sent au-dessus de tout ça. « Tu culpabilises, mais pas assez pour retourner tes articles. Y a personne pour t'arrêter, fa'que... tu continues. » Au diable le mauvais dossier de crédit, elle vit quatre fois au-dessus de ses moyens. Mais elle vit, oh qu'elle vit ! C'est l'euphorie ! « Je faisais partie de la société de consommation, je faisais partie de quelque chose ! »

L'armure scintillante à souhait, Valérie aveugle son entourage avec une confiance en soi fabriquée de toutes pièces. « Fake it until you make it », comme disent les Anglais. Aujourd'hui, elle comprend les limites de cette tactique superficielle. « C'est comme de la tapisserie que tu poses sur un mur qui est scrap. Tu essaies de patcher, tu mets quelque chose par-dessus, tu oublies ce qu'il y a en-dessous. Mais quand le mur va tomber, tu ne pourras plus rien faire. » Parce que l'obésité, ce n'est pas seulement un enjeu d'apparence. « On considère ça comme une caractéristique physique. On essaie de valoriser l'aspect visuel, de dire qu'on est simplement différent de l'extérieur, mais le problème est fondamentalement intérieur. » La diversité corporelle, la lutte à la grossophobie, le brisage de moules et autres modèles positifs sont d'une importance capitale. Mais ils ne doivent pas devenir le papier peint qui camoufle des blessures psychologiques plus grandes ou une condition médicale morbide. Valérie dresse un parallèle choquant pour s'expliquer : « Disons que t'as un cancer... Ce n'est pas un trait de ta personnalité. Être obèse, c'est la même chose, c'est un problème de santé. »

C'est d'ailleurs lors de sa convalescence, à la suite de son opération à la colonne vertébrale, qu'elle réalise qu'il y a une faille majeure dans son plan. Elle est une coquille vide. Aussi éblouissante qu'elle soit, elle est oubliée, surtout depuis qu'elle ne peut plus offrir de lifts avec sa voiture. « Personne n'est venu me voir. Je n'ai pas eu de visites de mes amis. Ça m'a ramassée. » Son mur intérieur se lézarde, le papier peint décolle. Valérie réalise qu'elle doit s'investir auprès de son entourage, mais pas juste en sortant sa carte de crédit. « Il faut que tu sois là lors des moments importants pour tes amis, même si ça veut dire aller dans un bar pour un lancement », un type d'événement/ d'épreuve sociale qu'elle fuyait auparavant. Elle doit aussi consentir à se donner davantage, à se dévoiler. À répondre réellement à la question « Comment vas-tu ? ». Elle a compris que la vulnérabilité n'est pas synonyme de faiblesse. C'est une porte qu'elle ouvre, un passage pour explorer les profondeurs de sa bulle personnelle.

Aujourd'hui, Valérie a rangé son armure. Tandis qu'elle rembourse toujours ses excès, son cœur et sa tête sont riches de ces années de bataille. C'est un butin très utile quand tu mènes toujours le plus grand combat de ta vie, celui contre l'obésité.

« Je ne m'amusais pas seulement à mentir pour m'épargner des méchancetés, mais aussi et surtout pour continuer à être grosse. »

Valérie

LE JOUR OÙ J'AI PLAIDÉ COUPABLE

Je n'ai jamais été victime de ma grosseur. Au contraire, j'en suis le bourreau. La première fois que j'ai menti pour éviter qu'on me juge, je devais avoir 7 ans.

Un ami de classe de ma sœur s'amusait à me rendre la vie misérable en riant de moi. J'avais beau jouer dans un coin au ballon-poire, tranquille, le soir dans la cour d'école, il avait l'air d'être partout où j'allais, à mon grand désespoir.

C'est un peu ça le portrait typique d'un intimidateur, il est constamment là. Un vrai paparazzi de l'insulte gratuite. C'est quand je suis revenue à la maison en larmes que ma mère a réalisé qu'il était temps d'intervenir. On ne m'a jamais proposé de combattre la violence par la vengeance, et c'est probablement la plus belle leçon que l'on peut donner à un enfant intimidé. Elle m'a suggéré de lui dire que j'étais atteinte d'une maladie qui me rendait grosse. Rien de précis. C'était facile à gober, même si c'était de la bullshit. Ça a été ma première et seule arme de défense contre les moqueurs et les ignorants innocents. À la première occasion que j'ai eue de tester cet alibi de feu, il m'a laissée tranquille. J'avais l'impression qu'on m'avait mis entre les mains une arme de destruction massive qui ne faisait mal à personne et qui m'apportait la sainte paix. Est-ce que je venais de comprendre que mentir m'éviterait d'avoir à me sentir blessée et rejetée ? Oh ! que oui.

Le mensonge a été ma sortie d'urgence dans bien des situations. Je ne m'amusais pas seulement à mentir pour m'épargner des méchancetés, mais aussi et surtout pour continuer à être grosse. Pathétique et lâche de ma part d'avoir été si égoïste et d'avoir cru que ma vision de la vie était la seule qui comptait. Mais je n'ai connu que ça, j'ai toujours vécu dans le corps d'une grosse. Je ne peux pas comprendre un autre univers que le mien. Je ne voulais pas changer, je voulais vivre avec. Des œillères m'imposaient l'unique direction à prendre. Et s'il fallait mentir, manipuler et jouer la comédie pour y arriver, j'allais le faire. C'était ma façon de survivre. Je voulais qu'on croie que j'étais bien dans ma peau. Qu'être grosse, en fait, ce n'était pas un désavantage si énorme dans ma vie. Mon message répétitif et mon ton assuré faisaient glisser le malaise comme du beurre dans la poêle. Mes parents ont dû apprendre à me laisser vivre selon ma volonté. Ils se sont tannés de m'entendre claquer la porte de ma chambre chaque fois qu'on parlait de mon poids. Ils ont cru ma bonne parole, eux aussi. Je les ai tellement manipulés dans ma religion pro-toutoune qu'ils n'y voyaient plus de problème et que, au contraire, ils croyaient que tout avait du sens. Inconsciemment, je me suis acceptée là-dedans. J'ai fini par comprendre que mon corps et ma personnalité étaient deux choses distinctes. Que chacune de ces facettes de moi nourrissait l'autre pour en faire un tout. J'étais comme une poupée russe. Mais si on enlevait toutes les poupées, il ne restait qu'une petite Valérie fragile. Je n'étais pas idiote au point de ne pas savoir qu'un jour, l'élastique allait s'étirer un peu trop et me péter au visage. Mon estime carburait aux mensonges. J'ai fini par croire moi-même à mes salades.

Outre la fausse maladie, j'aurais pu trouver des excuses pas possibles pour éviter les questionnements. Comme le fait que j'ai de gros os qui supportent cette chair dense. Mon squelette mériterait plutôt une reconnaissance éternelle de ma part pour avoir enduré tout ce fardeau. Atlas portant la terre sur ses épaules dans la mythologie grecque, c'est de la petite bière à côté de ce que j'ai fait vivre à mon corps. Non, je n'accepterai pas d'utiliser une excuse aussi simple et si peu valable. J'aurais pu mettre la faute sur ma génétique familiale même si ça n'avait rien à voir. Mon obésité morbide ne venait pas des dix livres en trop des membres de ma famille. J'étais simplement hors de contrôle. Je ne pouvais pas accuser l'Univers non plus. Il y aura toujours des gens méchants. Il y a aussi du bon monde, il faut savoir les reconnaître, c'est tout. Mes expériences de travail en sont un exemple. J'ai décroché chaque emploi auquel j'ai postulé. J'ai travaillé à autant d'endroits que j'ai de doigts aux mains. Si mon employeur croyait en mes capacités au-delà de mon physique, ça aurait été bien maudit de ne pas me faire confiance, moi aussi. On ne m'a pas discriminée à cause de mon apparence, on m'a évaluée selon mes compétences. J'ai toujours travaillé avec le public. Je suis passionnée par le service à la clientèle. Ça remplit ma vie d'anecdotes et de satisfaction. Être responsable d'un petit bonheur humain, c'est valorisant. J'aime les gens. S'ils étaient tous si méchants, je n'aurais jamais été capable de survivre au test ultime de travailler au milieu d'une jungle humaine. Suffit d'être à l'aise et heureux pour qu'on te rende la pareille. Le respect de ta personne en dit long sur le respect que tu peux accorder aux autres. Rien à voir avec le poids d'une personne. Il ne faut pas tout mélanger ni faire l'autruche.

S'il y a une seule accusation à porter, c'est contre moi qu'il faut la porter. Je mérite ce doigt accusateur. J'ai l'impression que l'on cherche toujours une excuse ou quelqu'un sur qui mettre la faute. La vie n'est pas si dure quand on la prend du bon côté. Broyer du noir pour broyer du noir, on repassera. Si j'ai réussi à reprendre ma vie en mains, c'est d'abord en réalisant que je devais ravaler mon orgueil. La vie suivra toujours son cours, c'est à toi d'embarquer sur le bon bateau. Faut arrêter d'attendre ce coup de pied au derrière. Il n'arrivera jamais. Le seul moyen, c'est de faire un virage à 180 degrés sur soi-même pour décoller la crasse. La moitié du travail va être fait, et il ne restera ensuite que le prochain virage à 180 degrés que l'on opère à coups de sueur et de fierté. Deux étapes simples à exécuter pour réaliser la recette parfaite du bonheur total.

« PEU IMPORTE
CE QUE LES GENS
PEUVENT PENSER DE
MON CORPS ET MOI :
NOUS N'AVONS
PLUS RIEN À PROUVER
À PERSONNE. »

Marianne

PLUS DE VERGETURES, PLUS D'AMOUR

Comme j'ai l'habitude de le faire en cachette avec des inconnus dodus, je détaille la silhouette de Valérie du regard. Sauf que, cette fois-ci, je dévisage mon amie en pleine face. Je lui dis que j'ai de la difficulté à l'imaginer avec cent trente quelques livres en plus. Elle aussi : « Je ne me rappelle plus de quoi j'avais l'air avant. C'est comme s'il n'y avait plus de place pour ces images dans mon cerveau. »

En fait, peut-être qu'elles n'y ont jamais été enregistrées : «Avant, je ne regardais pas mon corps. Je passais vite devant les miroirs. Là, il change. Je veux voir ce que ça fait de perdre du poids.» Elle se prend le ventre à deux mains : « En fait, je le sais, ça fait de la peau slaque ! »

On rit fort. Je me ramasse la peau autour du nombril pour former un bon beigne. Avoir deux enfants, ça aussi, ça étire la bedaine. Je nous vois tripoter nos bourrelets respectifs en rigolant et je ne peux m'empêcher de faire des liens entre la vie de Valérie et la mienne. Nos histoires sont radicalement différentes, mais notre expérience corporelle se recoupe à certains endroits. Comprenez-moi bien, jamais je n'oserais prétendre qu'elles sont comparables. L'obésité de Valérie a été salement plus difficile à porter que des bébés. Le point de rapprochement, c'est qu'au-delà des traces indélébiles dans notre chair, ces événements nous ont marquées de l'intérieur en altérant la vieille relation que nous entretenions avec notre corps. Nos repères ont été effacés : j'ai subi une perte de contrôle, tandis que Valérie l'a repris. La transformation a toutefois suivi un déroulement semblable : mettre un pied dans l'inconnu, avoir un peu la chienne, anticiper le changement de vie, passer à l'excitation, à la grande fatigue, à la confusion la plus totale. Ces variations de poids à la fois épreuves et miracles nous ont révélé les capacités extraordinaires de notre corps. Nous avons enfin compris qu'il était davantage qu'une enveloppe. Ça aura pris une renaissance et la mise au monde de deux nouveaux êtres humains pour qu'on devienne buddy-body.

Disons que ça aide à accepter les vergetures qui parsèment notre peau molle.

Valérie replace ses vêtements et soupire : « Je n'ai jamais vu de corps comme le mien, à part dans les émissions de perte de poids qui donnent une image supernégative des gros... Le modèle positif, c'est les mannequins taille Plus, mais ce sont des grosses minces, des grosses fermes. Y a rien qui pendouille. Ce n'est pas ma réalité. »

Son commentaire me ramène tout juste après la naissance de ma première fille. Étant l'une des premières à faire des bébés dans ma gang, je n'avais vu aucun corps ayant fraîchement accouché. Ma seule référence, c'était les photos de vedettes dans les magazines à potins, paradant en maillot de bain un mois après leur césarienne planifiée. Une pratique malsaine à laquelle je ne m'identifiais pas pour deux cennes, mais aucune autre image de rechange ne me venait. Si je n'avais aucune idée de comment mon corps se remettrait du marathon de l'enfantement, je savais très bien que je ne voulais pas du tout jouer à « c'est comme si j'avais jamais eu de bébé ». J'allais avoir autre chose à faire que de m'inquiéter de mon tour de taille. Comme apprendre à m'occuper d'un nouveau-né dont j'allais avoir la responsabilité pour toujours, tiens. En théorie, j'acceptais que mon corps soit magané par la maternité, ça fait partie du contrat. Mais je souhaitais secrètement que ces traces soient minimes ou à tout le moins dissimulables. Puis, j'ai eu un deuxième enfant. Et tout ça n'était soudainement plus si important. Pour la première fois, j'ai aimé mon corps viscéralement pour tout ce qu'il m'avait apporté. Il m'a fabriqué une famille. Il m'a permis d'aller au plus profond de moi-même, de me connaître sous des angles inouïs et d'être sans doute un meilleur être humain. Je lui en suis reconnaissante. Plus d'affection, moins de pudeur, je suis devenue un cliché, mais surtout une mère libérée. Peu importe ce que les gens peuvent penser de mon corps et moi : nous n'avons plus rien à prouver à personne.

Valérie est aussi affranchie de cette pression d'effacer les traces d'une ancienne vie pour adhérer à des standards esthétiques. Je lui demande si elle pense avoir recours à une chirurgie de redrapage pour se débarrasser de son excédent de peau. «Je le sais pas, répond-elle. Je me suis lancée dans cette aventure-là pour retrouver ma santé, pas pour être mince. Ça va dépendre de ma motivation à ce moment-là. Est-ce que je vais vouloir ne plus me ressembler?»

Pour Valérie et moi, l'apparence de notre corps est désormais le manifeste de ses capacités et des nôtres. C'est pour ça qu'on l'aime.

« Encore une fois, j'étais l'amie funny qui se tenait avec la fille canon. »

Valérie

LE JOUR OÙ J'AI ATTRAPÉ LA TOURISTA

Mon ami Mathieu vit en plein cœur de Toronto depuis bientôt deux ans, et lorsqu'on a la chance de se voir, on constate que rien n'a changé entre nous. Malgré les centaines de kilomètres qui nous éloignent et le temps qui nous échappe, je n'ai jamais cru une seule seconde que la vie allait nous séparer.

On était là l'un pour l'autre quand ça a été le temps de grandir et de faire des choix importants dans nos vies. Sans même le savoir, ma plus grande décision je l'ai prise à ses côtés. Mathieu sait saisir les occasions. Il vit dans le moment présent. Rien à voir avec le genre de vie que je mène. Il me complète à merveille là-dessus. En fait, il est un des morceaux de mon grand puzzle affectif.

En janvier 2012, je n'étais plus aux études et j'étais sans emploi. C'était l'occasion parfaite pour moi et lui de passer du bon temps ensemble. Il m'a alors proposé d'aller se faire griller la couenne dans le Sud. Une grosse semaine de pognage de beigne tout inclus pour échapper à l'hiver. J'aurais été vraiment nounoune de refuser de l'accompagner! Je suis donc partie le rejoindre à Toronto. C'était la première fois que je le visitais dans sa ville d'adoption. J'étais contente de le retrouver et de découvrir à quoi ressemblait son quotidien. Une légère sieste et c'était déjà le moment de se rendre à l'aéroport, direction Mexico. Le siège trop étroit et l'espace restreint m'attendaient avec impatience. Une chance qu'il y avait des reprises de vieilles comédies à regarder pour me faire oublier mon manque de confort. Au bout de quelques heures, on atterrissait sous le soleil des tropiques. Il faisait chaud, on était bien. J'étais surexcitée tout le long de la petite route qui menait au complexe hôtelier. Juste à l'idée d'avoir les deux pieds dans le sable chaud et de regarder la mer à perte de vue, j'en avais déjà des frissons. Le but de mon voyage était davantage un ressourcement qu'une beuverie aux frais de l'hôtel 24/24. J'avais besoin de me sentir émerveillée, de me sentir toute petite devant un paysage gigantesque. La chambre n'était pas encore disponible, on s'est dirigés tout droit vers la plage. À l'instant où l'espace entre mes orteils a été comblé par le sable fin, j'ai eu la grosse chair de poule. C'était encore plus féerique que j'avais pu l'imaginer. Les vagues me chantaient une chanson qu'il m'était impossible de m'enlever de la tête. Je dérivais au son des rouleaux. L'océan m'avait prise au creux de ses bras en exigeant que la gravité me laisse tranquille pendant un instant. La mer me berçait et j'avais le cœur léger. J'ai été assez naïve pour croire que ça suffirait pour me faire oublier que, pendant une semaine, j'allais devoir vivre dans une microsociété. Rien à voir avec la vie métro-boulot-dodo à laquelle j'étais habituée. C'était plutôt un attroupement de gens sur le party, qui vivent sans règlement, sans soucis et souvent sans gros bon sens. Le tout accentué par l'alcool qui coule à flots. Le prétexte parfait pour excuser nos plus bas instincts d'humain et parfois d'animal. Tout le monde s'est donné rendez-vous autour de la piscine, comme les animaux de la jungle autour d'une source d'eau pour s'abreuver. Une session d'exhibitionnisme et de parades pour se faire remarquer. Pendant que les gazelles et les paons se pavanaient, j'essayais de passer inaperçue. Au diable le bikini et le bronzage parfait, je me couvrais le plus possible pour camoufler mes énormes cuisses et mon derrière imposant. Reste que même habillé de la tête aux pieds, un éléphant, ça reste gigantesque. Impossible de ne pas me faire remarquer. Ma confiance en moi était aussi petite qu'une minuscule souris. J'ai préféré agir comme une lionne et rugir pour désamorcer d'éventuels commentaires blessants. Je faisais mon show en attirant l'attention sur mes bonnes blagues et non sur mon apparence. Dans ma tête, ça avait du sens. Cependant, d'un œil extérieur, je devais avoir l'air d'un éléphant avec un nez de clown. D'une bête de cirque, quoi ! Tant que j'avais mon ami à mes côtés, je me sentais en sécurité. Seulement, Mathieu était trop sociable pour se contenter de notre duo pour la semaine. J'aurais aimé le garder pour moi et avoir toute l'attention de mon ami qui me connaît si bien et qui aurait su me faire oublier que je détonnais. D'autres voyageurs venant d'un peu partout au Canada sont rapidement devenus des membres de notre groupe de joyeux lurons. Je m'intégrais de peine et de misère, en gardant toujours un pied en dehors du cercle. Je m'autoexcluais des tournées de drinks, des matchs de volley-ball et des rumbas à la nuit tombée. C'était ma façon à moi d'éviter d'avoir mal en faisant la fille « au-dessus-de-ça » qui vit bien son indépendance.

Mathieu avait envie que je fasse partie de ce gros trip et il voulait que l'on se paie une soirée de fiesta dans un club du coin, le Coco Bongo. Il ne restait que quelques jours à notre voyage et j'avais enfin trouvé le courage de m'inclure dans la mascarade. On s'est mis sur notre trente-six pour l'évènement. L'une des filles avec qui nous avions passé la majeure partie de notre semaine nous accompagnait. Elle venait de Toronto, mais on aurait dit qu'elle descendait du ciel. Elle avait l'air d'un ange tout droit sorti d'une revue de Victoria's Secret. Encore une fois, j'étais l'amie funny qui se tenait avec la fille canon. Pourtant, elle ne m'a jamais fait sentir que j'étais moins charmante ou moins jolie qu'elle. On était simplement différentes, et je n'en étais pas moins intéressante. La soirée venait tout juste de débuter et j'étais debout sur une table, dos à un mur, à me dandiner sur les meilleurs one hit wonder. Des succès joués l'un après l'autre, entre-coupés de performances de lip-sync endiablées sur la scène centrale. Le party était pogné. Mes cheveux étaient complètement trempés de sueur, mais c'était trop peu pour me faire décrocher. Lorsque je danse, j'ai l'impression que la musique m'englobe et que je suis dans un monde à part. Elle me rend aveugle et j'en oublie mon corps. On a tous fini par descendre du balcon pour se rendre au cœur de l'action. Un des employés est venu voir notre petit groupe de filles pour nous proposer de monter sur la scène pour la prochaine performance. En fait, ils avaient besoin d'une couple de pitounes qui se trémousseraient sur de la musique de Kiss. Une chance inespérée de rendre cette soirée mémorable : ce fut un oui unanime. Le gars a alors demandé à toutes les demoiselles de notre groupe de le suivre, mais il m'a fait signe de rester où j'étais. Mes copines ne se sont pas aperçues que je ne les suivais pas. On m'avait laissée derrière pour que je puisse les regarder se faire siffler pendant que moi, le pichou, j'attendais en bas, la déception ne faisant qu'une bouchée de mon moral. Entourée de belles filles, je n'étais pas le centre d'attraction. Tout est soudainement devenu flou. Les lumières m'agressaient et la musique ne se rendait plus à mes oreilles. Je croyais que les regards étaient tous rivés sur moi. J'étais au beau milieu d'un cauchemar que je m'imaginais réel. Je me noyais de l'intérieur, l'air se faisait rare. Seule, au beau milieu de la place, je suis devenue la proie parfaite pour les soûlons à l'humour douteux. Un Américain m'a demandé avec peu de délicatesse de l'embrasser pour gagner un pari qu'on lui avait lancé. Une photo était de mise pour pouvoir en rire davantage une fois la gueule de bois disparue. Je devais maintenant me débrouiller pour me sortir de cette situation embarrassante. Je cherchais mon ami que j'avais perdu de vue. Ça me donnait un air de fille au-dessus de ses affaires qui ignorait ce qui se passe autour d'elle. Le plaisir que j'avais eu plus tôt dans la soirée était devenu un vieux souvenir. J'avais seulement envie de retourner chez moi. Pas seulement à l'hôtel où on logeait, mais chez moi, à Montréal. Je n'ai cependant jamais cessé de sourire, au contraire, j'en remettais. L'heure de gloire de mes sublimes copines était terminée. Nous avons tous décidé de partir sur cette note. Un A + pour elles et un F pour la toutoune en sueur au bord de la dépression.

Le lendemain, j'ai pris un moment dans l'après-midi pour me promener seule sur la plage. Mathieu s'était rendu compte que j'en avais grandement besoin. Il n'a pas posé de questions et m'a laissée faire mes choses en paix. Je marchais d'un pas lent, en réfléchissant. Je ne comprenais plus pourquoi j'étais autant peinée de la tournure des événements de la veille. Pourtant, ce n'était pas la première fois que ce genre de choses m'arrivait. J'avais déjà connu mon lot de déceptions, mais là, c'était différent. Ma réaction était différente. J'avais beau être à des kilomètres de chez moi, avoir les conditions parfaites pour qu'on puisse découvrir la vraie fille que je suis sous mes couches de gras, j'étais toujours la grosse fille. Et cette grosse fille qui savait si bien se protéger avant, pourquoi sa forteresse présentait-elle des fissures, aujourd'hui ? D'où venait cette faille qui semblait m'échapper ? Assise les fesses dans le sable, à regarder les vagues s'approcher de moi, j'ai enfin compris. Le problème, c'était moi. La perception que j'avais de ma vie et la réalité dans laquelle je vivais ne concordaient pas. Je ne pouvais pas continuer à penser que j'étais dans la norme, alors que rien n'était normal chez moi. J'étais tannée de vivre des déceptions qui me rendaient de plus en plus malheureuse. À force de jouer avec le feu, on finit toujours par se brûler. L'alarme venait de sonner et je devais évacuer les lieux pour échapper aux flammes qui m'auraient brûlée vive. Ma descente aux enfers, ça faisait longtemps que je la vivais, et le paradis n'était plus qu'un mythe dans mon esprit. La solution à mes déboires me semblait évidente : repartir à zéro.

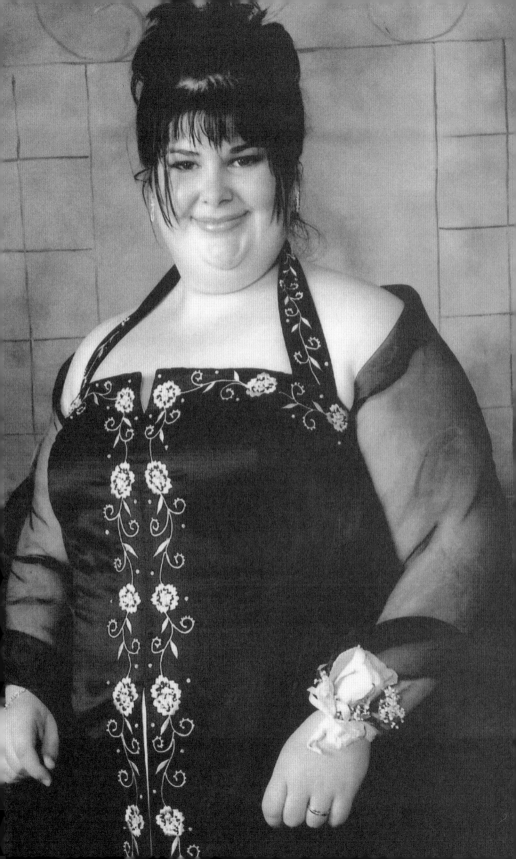

«FÉLICITATIONS,
VOUS AVEZ UN
CORPS IDÉAL!
DÉNUDEZ-VOUS
MAINTENANT!»

MARIANNE

COMMENT OBTENIR UN BIKINI BODY
EN UNE ÉTAPE FACILE

« Bikini body ». Je hais cette expression. Dorénavant, chaque fois qu'il est question d'enfiler un maillot de bain, ces deux mots surgissent dans ma tête. Et peu importe le niveau de glamour impliqué, voyage dans le Sud ou après-midi sur le bord d'une piscine hors terre, c'est pareil. Deux petits mots reliés par un trait d'union aussi invisible qu'inévitable.

Peut-être est-ce que je les ai vus trop souvent ? Les magazines, les sites Web, les blogues, les émissions de télé et autres médias dont je suis le public cible en font une rengaine dès le mois de février, question de se stresser deux saisons à l'avance à l'idée de se montrer à moitié nue dans un attirail de lycra. Faut se préparer adéquatement pour l'été, les filles ! Aussi bien commencer de bonne heure, on n'en aura pas trop de trois mois pour se sculpter un corps décent, hein ! Et en passant, les messieurs ont aussi leur équivalent du bikini body, le « beach body ». Alors oubliez ça l'hibernation, vous devez être prêts. En fait, ce serait mieux si vous étiez au top de votre beau body à l'année longue. D'un coup que vous allez au spa ? Que vous gagnez une croisière dans les Antilles ? Qui veut scandaliser les touristes de Punta Cana avec ses chairs molles ?

Dans « bikini body », ce que je déteste, c'est que le bikini passe avant le body. Littéralement. Au fond, la question qu'on pose est la suivante : « Est-ce que ton corps est fait pour porter un bikini ? » alors que ça devrait être l'inverse : « Est-ce que ton bikini est fait pour ton corps ? » Ça induit une drôle d'idée, celle qu'il existe des corps autorisés à être montrés en bikini, et les autres, qui doivent rester cachés. Parce que le bikini, c'est le trophée décerné aux femmes qui rencontrent les standards requis. Félicitations, vous avez un corps idéal ! Dénudez-vous maintenant ! Les autres, de grâce, couvrez-vous. Un paréo, un parachute, qu'importe. Votre corps, on ne veut pas le voir.

À mon avis, c'est donner beaucoup trop de pouvoir à deux petits morceaux de tissu. Je refuse, en tant qu'être humain conscient et intelligent, de me soumettre au joug d'une chose inanimée. Ça tient du gros bon sens, non ? Mais rendue au 32e costume de bain qui ne fait pas, enfermée dans une cabine d'essayage éclairée aux néons, qui font ressortir les cernes, les vergetures et la cellulite, c'est difficile de garder tout ça en perspective. À cet instant, ce qui a du sens, c'est d'acheter le moins pire et de te dire que tu vas te forcer pour rentrer dedans. Que c'est un bon prétexte pour améliorer ta forme et enfin obtenir ton bikini body.

Eh bien, pour l'avoir testée quelques fois, la stratégie du vêtement trop petit qui agit comme objectif de perte de poids, ce n'est pas motivant, c'est cruel. Ce qui paraît être un bon deal à moyen terme est surtout un mauvais 2 pour 1 : un morceau importable qui niaise sur un support et qui niaise ton ego chaque fois que tu ouvres ta garde-robe.

Maintenant, au lieu d'entretenir le feeling persistant d'être inadéquate, je reviens à la maison les mains vides. Mon estime de soi est peut-être restée sur le plancher de la cabine d'essayage avec les 32 maillots, j'ai sans doute une larme de frustration au coin de l'œil, mais l'impression d'être moche s'estompe avec le temps qui passe. Et détail non négligeable : j'ai plus d'argent pour acheter des choses qui me mettent en valeur au lieu de me diminuer.

Selon moi, le « bikini body » est une illustration de la culture du « Do's and don'ts » qui a pris un mauvais pli. Depuis quelques années, ces listes de conseils sur la mode et la façon de porter les vêtements selon son type de silhouette pullulent. Et franchement, j'adore ça. Des trucs pour camoufler les parties que j'aime moins ? Pour apprivoiser les tendances ? Pour me donner de nouvelles idées de look ? Je dis oui. Là où je décroche, c'est quand les « contraventions de style » humilient des gens marginaux. Ce qui devrait être une source d'inspiration pour se faciliter la vie devient un système de règles strictes qui laisse peu de place à la créativité et à la différence, et où les lois qui régissent le port du bikini sont assez tyranniques. Assurez-vous d'être assez mince, épilée et musclée avant de vous soumettre à la vue des autorités compétentes, c'est-à-dire n'importe quel badaud. Si vous ne rencontrez pas les prérequis, vous pourriez être jugée sévèrement (en fait, peu importe le corps que vous avez, vous serez jugée sévèrement) et recevoir une sentence de rires méchants, de regards dégoûtés ou d'insultes à peine voilées. Au royaume des apparences, le crime de lèse-regard est la pire des offenses.

Dans ce contexte de dictature arbitraire, des filles grassouillettes écœurées de se faire dire « Fais pas ça ! Ça se fait pas ! » ont commencé à revendiquer le droit universel au port du bikini. À proclamer haut et fort « Si je désire porter un bikini, je vais en porter un. Peu importe de quoi j'ai l'air. » L'été dernier, au plus fort de la canicule, quelques images différentes de toutounes en costume de bain étaient partagées sur les réseaux sociaux. Avec des formulations variées, elles livraient le même message :

Comment obtenir un bikini body ?

Mets un bikini sur ton body.

BAM. On s'en fout du culte du corps parfait, des attentes irréalistes et des qu'en-dira-t-on. Position courageuse ? Certainement. S'afficher publiquement contre le discours dominant, c'est risqué. En osant publier des photos d'elles en maillot de bain, ces rebelles rebondies et débordantes de confiance en soi sèment le doute et créent une onde de choc nécessaire. Pourquoi ce ne serait pas aussi simple d'enfiler un bikini ? Pourquoi et pour qui se compliquer la vie, hein ?

Ce contenu dissident est important. C'est peut-être une goutte d'eau dans l'océan de guédailles photoshoppées du Web, mais elles proposent une alternative aux galeries de photos habituelles. Elles permettent à celles qui ne s'y reconnaissent pas de s'identifier à des figures fortes, dans tous les sens du terme. Ces clichés peuvent ensuite être échangés et circuler librement à grands coups de « J'aime » ou plus discrètement par courriel. Ils peuvent surgir inopinément dans les résultats de recherche, mener sur la piste de différentes pages qui prônent la diversité corporelle, puis sur un, deux, dix blogues de mode taille Plus, pour finir dans une boutique en ligne où les vêtements pour les rondes sont beaux, pas juste « amincissants ». Internet est capable du meilleur comme du pire, mais dans ce cas-ci, il peut être un outil fabuleux pour aider celles qui sont paralysées par leurs complexes ou isolées dans leur communauté en leur donnant des exemples de filles ordinaires bien dans leur peau. Oui, ça existe, oui, c'est possible. En v'là une gang. Et t'es la bienvenue si tu veux t'y joindre.

Alors, le bikini body ? J'aimerais bien qu'on élargisse un peu la définition pour ajouter les baigneuses de Renoir aux côtés des mannequins du *Sports Illustrated* dans les corps « réglementaires ». Les grosses aiment ça bronzer égal, elles aussi. Autre chose : que les permis de bikini soient octroyés au désir de la demanderesse. Parce que ça fonctionne dans les deux sens. C'est pas parce que t'as un bikini body typique que tu veux l'exposer. Alors don't capote sur ce que tu devrais faire et do donc comme tu veux.

BOUFFE ET MALBOUFFE

« C'était le party total. Un buffet digne de Marie-Antoinette dans ses années les plus extravagantes. »

Valérie

LE JOUR OÙ JE ME SUIS BOURRÉ LA FACE

Je n'accuserai jamais personne de mes dérapages alimentaires. Il n'y a pas une pub ou un menu qui m'a forcée à manger autant de fast food. Peu importe le prix, un hamburger, ça reste ce que j'avais le goût de manger. J'ai juste été excessive, je ne voyais plus les limites. Enfin, je savais qu'il devait y en avoir, mais je ne m'empêchais pas de les dépasser.

Je peux dire que j'ai toujours apprécié la nourriture. J'étais une fille qui aimait avoir le ventre plein, qui appréciait la lourdeur des aliments et non leur saveur. J'aimais manger beaucoup et souvent. Mon premier emploi me permettait de baigner là-dedans. Je travaillais dans une petite boulangerie du quartier. On était des clients de la place avant tout. Mon père nous réveillait la fin de semaine avec un bon pain croûté et des cretons frais. Ma sœur a été la première à y travailler. Le propriétaire dirigeait son entreprise comme une famille. Sa fille et sa femme étaient impliquées dans l'entreprise. Ma sœur est rapidement devenue un membre de cette belle famille élargie. Je l'enviais. Je rêvais de faire cette job, mais je n'avais que 14 ans. N'empêche, j'avais le goût de travailler, de faire une activité manuelle comme celle-là. Alors, lorsqu'un poste de commis s'est ouvert, ma sœur a proposé ma candidature à son patron. Mes parents étaient ravis de me voir intéressée à autre chose qu'à la télévision, ils n'allaient pas me mettre de bâtons dans les roues. J'y ai travaillé pendant deux ans. Ma grande sœur et moi, on formait le parfait duo du dimanche. On aimait ça. On servait la clientèle et on s'occupait de la confection et de la préparation de pratiquement tout. J'en ai tranché des pains ! Il arrivait, durant le temps des Fêtes, que l'on travaille aussi le soir. Tous les employés étaient convoqués. Nous étions tous attelés à la confection des bûches de Noël pour répondre à la demande des clients. Un travail à la chaîne, en équipe, qui nous démontrait encore une fois quelle belle famille nous étions. Le mélange de rires, de crèmes au beurre et de l'ambiance des Fêtes me mettait de bonne humeur. J'avais un éventail de viennoiseries, de pains, de charcuteries, de fromages et de pâtisseries à ma disposition. Et à cet âge-là, on n'a pas grand-chose à faire avec notre paie, alors je m'achetais à manger. Constamment. C'était le party total. Un buffet digne de Marie-Antoinette dans ses années les plus extravagantes. C'était la débandade. C'est de cette façon que j'ai commencé à planquer de la bouffe dans ma chambre. C'est parti comme ça. Et ça a rapidement dégénéré.

J'ai fini par quitter ma nouvelle famille, à cause de mes horaires au cégep, pour un marché d'alimentation qui ouvrait de l'autre côté de la rue. J'allais travailler dans le même domaine, la boulangerie. Rien à voir avec mon ancien boulot où notre pain goûtait davantage le travail acharné et moins l'eau. J'étais dépaysée, mais l'élément essentiel m'entourait encore : la bouffe. Je me suis promenée de département en département, toujours les deux pieds dans la bouffe fraîche et délicieuse. C'est dans cette même place que j'ai commencé à me faire des amis. Des gens avec qui flâner le soir après le boulot quand la vie de fausse banlieue devenait trop maussade. On se promenait en voiture pendant des heures à faire le tour des villes à proximité. Je les écoutais jaser de leurs problèmes et je rendais les conversations dynamiques avec mes bonnes blagues salées. On parlait de nos vies mais surtout de la job. En fait, c'était la colle qui faisait tenir le bricolage ensemble. Dans nos escapades en bolide, un peu comme dans un meeting de bureau, on se régalait de beignes et de café. Au travail, durant l'heure du dîner, on ne faisait que manger ce dont on avait envie. Un paquet de biscuits avec du fromage et un Coke, why not ? Je jetais les lunchs que mes parents me préparaient avec amour, sans aucun remords ni aucune gêne. À quel point j'ai pu être idiote ! J'aurais le goût de revenir en arrière, de m'agripper par les épaules et de me secouer fort. De me brasser la carcasse pour me réveiller de mon cauchemar. Et puis, comme dans tout bon univers de bureau, sans trop savoir pourquoi ni comment, tu finis par te retrouver seule à manger ta pizza qui, elle, ne te laisse pas tomber. Après avoir reçu mes paies de la main de mon pire démon pendant cinq ans, j'ai décidé de vendre mon âme dans les magasins à grande surface. J'étais celle qui passait ses paies dans l'industrie de la gourmandise extrême. Je mangeais quand je n'avais rien de mieux à faire. Le petit signal que mon ventre devait me donner lorsque je suis rassasiée, je ne l'ai jamais écouté. Tout comme je n'ai jamais attendu le signal m'avisant que j'avais faim.

Malgré ce que l'on pourrait croire, on ne mangeait pas de junk food chez moi. Mon père est un trop bon chef pour nous alimenter aussi pauvrement. Il est celui qui performe devant les fourneaux, à nous concocter des recettes décadentes tout droit sorties de son enfance. Du traditionnel pâté chinois aux cuisses de poulet BBQ, les classiques de la culture culinaire québécoise faisaient l'un après l'autre partie de notre menu. Et les membres de ma famille autour de la table n'avaient pas le même gabarit que moi. Ma mince de sœur, toujours assise à ma gauche, n'avait pas besoin de suivre un régime de moineau pour garder sa taille de guêpe. Pourtant, on mangeait la même nourriture, à la même table. Mais moi, je me resservais. Mon père en faisait toujours pour une armée, considérant qu'on allait profiter des restants. J'avais le champ libre pour me bourrer la face une deuxième fois. Mes parents n'essayaient pas de me retenir ou de me forcer à me contenter de ma portion. Enfant, je leur avais montré de quel bois je me chauffais. Ils m'avaient déjà installée devant un bol de purée de carottes pendant trois heures pour essayer de m'en faire avaler une simple bouchée. J'étais restée assise les bras croisés, à hurler pour avoir du dessert.

Cette fois-là, j'ai finalement gagné la bataille contre les légumes, mais heureusement, ce sont eux qui, au bout du compte, ont fini par gagner la guerre contre mon obésité.

« QUEL SERA LE VRAI
CHIFFRE ? ON VEUT
LE CHIFFRE !
DONNEZ-NOUS
LE CHIFFRE ! »

Marianne

Si vous désirez maigrir, assurez-vous d'être fort en calcul mental. Les chiffres deviendront un souci constant, surtout ceux qui tournent autour de votre alimentation et de votre activité physique. Mais le nombre que vous ne devez jamais oublier, au grand jamais, c'est celui que vous renvoie votre balance. Ce Chiffre, c'est tout ce qui compte.

C'est ce que j'ai compris en regardant abondamment des émissions de téléréalité américaines comme *Qui perd gagne* (version française de *The Biggest Loser*) dans lesquelles on voue un véritable culte à la pesée. Sur fond de musique dramatique, tous les participants se réunissent solennellement autour de la balance. Ils affichent l'air grave de l'abnégation aux dieux de la minceur. Le Chiffre déterminera qui mérite le châtiment et qui mérite la grâce divine. Le Chiffre choisira qui restera. Un participant à moitié nu, mais totalement vulnérable, monte sur l'autel sacrificiel. La tension est à son comble. Des nombres factices défilent sur le moniteur. Quel sera le vrai Chiffre? On veut le Chiffre! Donnez-nous le Chiffre!

Vous l'aurez... tout de suite après cette pause publicitaire.

Quel cirque dégueulasse. La religion du Chiffre fait plusieurs victimes qui mettent leur santé en péril pour atteindre des objectifs irréalistes. Elle rend la vie misérable à ceux qui la pratiquent. Je pense entre autres à ma voisine qui me confiait être dans tous ses états de peser 140 livres, soit légèrement plus que son poids habituel. C'était l'incompréhension la plus totale: comment avait-elle pu «engraisser» alors qu'elle n'avait rien changé à son impeccable routine? À 140 livres, elle était désormais plus lourde que sa mère et ses amies qui venaient d'accoucher, mais sans l'excuse de l'âge ou des enfants pour justifier ce nouveau gain pondéral. Cent quarante livres, c'était un Chiffre intolérable pour une fille qui avait cessé de faire du jogging précisément parce que ça augmentait trop sa masse musculaire.

Valérie qualifie ce culte populaire de brainwash décourageant: «Les chiffres ne te donnent jamais ce que tu veux. Ça gruge de l'énergie que tu pourrais mettre ailleurs.» Contrairement aux participants de *Qui perd gagne*, ce qui motive Valérie, ce n'est pas de perdre le plus de poids possible, le plus rapidement possible, c'est d'être en santé pendant longtemps : « Je n'ai pas de deadline, je n'ai pas d'attentes. Je fais des choix pour le long terme. La page Facebook va peut-être prendre le bord à un moment donné, mais dans la vraie vie, ça n'arrêtera jamais. Il n'y aura pas Le jour où j'ai arrêté d'être grosse 2 ! La première saison va être longue en ta' ! »

Il y a le foutu Chiffre sur la balance, et il y a les chiffres. Avoir une couple de données sous la main, tant qu'on n'en est pas esclave, peut s'avérer très utile pour comprendre d'où on vient et savoir où on s'en va. Ils donnent des indications concrètes quand t'as perdu la carte de ta santé, et marquent le chemin parcouru une fois qu'une nouvelle direction est prise.

Portrait numérique de Valérie

Le nombre de calories qu'elle ingurgitait quotidiennement. C'est trois fois plus que ce qu'on lui recommande de consommer aujourd'hui. Valérie ne suit pas de diète stricte, mais elle a appris à s'alimenter de façon équilibrée et à limiter ses portions. Elle mange ce dont elle a envie en adaptant les recettes pour en faire des versions santé : « Si c'est moi qui le cuisine, je sais si c'est bon. Et en le préparant, j'ai moins faim. » Sa sœur, technicienne en nutrition, a été une bonne coach en lui donnant un conseil pour rester motivée : varie ce que tu manges.

Le nombre de livres que pesait Valérie lorsqu'elle a décidé d'arrêter d'être grosse, un beau soir d'avril 2012.

L'âge qu'a Valérie lorsqu'elle réalise que rien ne va plus. C'est d'ailleurs le seul chiffre qui a eu de l'importance dans sa décision et qui ait jamais compté pour elle : « Les événements que j'attendais, ceux que devrait vivre une jeune fille dans la vingtaine, ne se produisaient pas. » Non seulement le temps était long, mais il était compté.

Le nombre de fois qu'elle est allée au gym pendant une semaine pour se permettre une gâterie qu'elle convoitait. Valérie succombe à certaines tentations à condition d'avoir travaillé fort pour les obtenir. Dans ce cas-ci, le muffin au caramel et aux pacanes dont elle rêvait s'est avéré plutôt décevant : « Il ne goûtait pas si bon que ça, finalement. J'avais eu plus de plaisir à aller au gym toute la semaine ! »

Le nombre de litres d'eau qu'elle boit chaque jour. « Si les océans se vident, c'est à cause de moi ! »

3

Le nombre de mois qu'elle a attendu avant de remonter sur une balance à la suite de son inscription au gym. Dès la première rencontre, Valérie a dit à son entraîneuse : « Je ne veux pas que tu me pèses, je veux que tu me donnes le goût de m'entraîner. » Encore aujourd'hui, elle attend plusieurs semaines entre les pesées.

1

Le nombre d'amies qu'elle invite parfois pour faire l'épicerie avec elle. Elle demande du renfort quand elle sent qu'elle pourrait flancher dans l'allée des gras trans.

0

Le nombre de balances qu'elle possède. C'est aussi le nombre de regrets qu'elle a quand elle se lève le matin.

« Je m'accrochais à lui tellement fort que je ne réalisais pas l'emprise qu'il avait sur moi. »

Valérie

LE JOUR OÙ JE SUIS TOMBÉE EN AMOUR

Je ne vous ai pas encore parlé de ma plus belle relation amoureuse. On ne faisait qu'un. On s'est rencontrés par hasard. Un beau hasard qui a fini en catastrophe comme trop de belles relations qui s'épuisent. Je me sentais seule et ça paraissait. Dès notre première rencontre, ce fut magique.

Je l'avais choisi, il m'avait adoptée. Il n'y avait rien de vraiment différent chez lui, comparé aux autres. Mais je ne me suis jamais sentie aussi comblée et vivante qu'en sa compagnie. J'étais tellement en amour que je n'avais plus besoin de voir mes amis ou ma famille. On s'auto-suffisait. Quand j'en voulais encore plus, il m'en donnait davantage. Il n'y avait plus de limites. Je suis rapidement devenue la girl-friend folle. J'étais obsédée par lui. On se voyait aussi souvent que je le souhaitais. Il ne disait pas non, il m'attendait toujours avec impatience. Et puis j'ai fini par devoir mentir pour cacher notre relation hors du commun. Il n'avait pas honte de moi, au contraire, j'étais son genre de femme. C'était moi le problème. Je m'accrochais à lui tellement fort que je ne réalisais pas l'emprise qu'il avait sur moi. Je dormais souvent avec lui. Dès que quelque chose n'allait pas, j'avais besoin de lui. Cela fait bientôt deux ans qu'on n'est plus ensemble. Il est là à chaque coin de rue. Je ne suis jamais allée le revoir, lui parler, lui demander de l'amour. J'ai compris avec le temps que notre relation était loin d'être exclusive. J'étais juste une autre adepte de sa médecine qui me faisait du bien. Reste que lorsque je ferme les yeux, je peux le sentir, le voir, le toucher, même le goûter. On dirait que c'était hier... que j'ai mangé du McDo pour la dernière fois.

Je n'ai pas été de ces enfants qui comptent les dodos avant d'aller s'amuser dans les jeux entre deux bouchées de frites trop salées. J'aimais bien plus jouer à la bibliothé-caire dans le sous-sol et attendre qu'on me crie de monter lorsque le souper était prêt. On ne m'a jamais récompen-sée par la nourriture. Pour moi, le McDo, c'était un édifice comme un autre sur le chemin vers la maison. Dans ma famille, on n'évitait pas à tout prix d'en manger, mais les visites n'étaient pas assez fréquentes pour que j'en aie des souvenirs. C'est plus tard que j'en garderai des séquelles. Parce qu'une fois que je suis tombée dedans, je n'en ai plus décollé. Au début, c'était rien de si terrible. Je man-geais selon mon appétit. Rien à voir avec la tonne et quart de fast food que j'ingérais vers la toute fin. J'ai commencé graduellement. Et puis le gras m'est monté au cerveau. Je suis devenue une vraie pro de la dépendance. J'avais franchi la mince ligne entre nourriture de dépannage et mode de vie. À l'instant où j'ai décidé d'ajouter un extra à mon trio favori, je suis passée du gris à la noirceur totale. Je venais d'avoir 17 ans.

J'ai vécu plein d'événements déclencheurs qui m'ont donné envie de me remettre franchement en question. De tous ces moments, c'est celui-ci qui m'a fait le plus mal, c'était six mois avant que j'arrête d'être grosse : j'étais au volant de ma voiture, roulant en direction de la maison. J'avais, comme à l'habitude, fait un arrêt au McDonald's à côté du métro Frontenac pour y commander un Joyeux festin édition adulte, avec une boule d'émotions dans la gorge. Je ne sais pas pourquoi, mais ce soir-là, j'avais le cœur à l'envers. J'allais remplir un sac d'antidépresseurs frits dans l'huile chaude. C'était un de ces soirs où la limite de ce que je pouvais ingérer était celle de mon compte en banque. Si j'avais 20 $, je dépensais 20 $. Alors, je faisais la liste dans ma tête. Je troquais mes choix de luxe pour des choix peu coûteux. J'en voulais le plus possible pour mon argent, pour être sûre que ma dose me fasse tout oublier. Une commande d'un trio Big Mac, dix McCroquettes, deux McDouble et deux Junior au poulet plus tard, j'allais être équipée pour veiller tard.

Un professeur au secondaire m'avait déjà raconté qu'un jour, un homme debout près de lui parlait au téléphone en ayant une conversation digne d'un homme d'affaires milliardaire. Il le trouvait hot, jusqu'à ce que son téléphone se mette à sonner et détruise complètement l'illusion qu'il essayait de créer. La honte qu'il a dû vivre ! Pourtant, j'ai trouvé ça brillant. J'ai testé son truc pour faire ma première grosse commande de honte, et ça a fonctionné comme un charme. On croyait vraiment que je commandais pour une armée de gens en manque de munchies, qui n'attendaient que mon retour pour goûter au nirvana. Aucune descente aux enfers pour moi, j'étais crédible.

J'ai donc une fois de plus utilisé ma technique infaillible pour me remplir ce soir-là. Je suis arrivée chez moi en me dirigeant directement vers ma chambre. Pas le

temps d'aller discuter avec mes deux nouvelles colocataires, Andrée-Anne et Berekia, pour se raconter nos vies
et se dire qu'on s'aime, ma bouffe attendait. Je me suis
assise sur le bord de mon lit, comme je l'ai fait si souvent,
et j'ai commencé mon marathon. J'ai allumé la télévision
dont l'écran était à moins d'un mètre de mes yeux, et j'ai
avalé. Une bouchée après l'autre, je sentais les morceaux
glisser dans mon œsophage et me rapprocher un peu
plus du bonheur total. Ça goûtait le gras au sel avec de
la mayonnaise on the side. J'essuyais mes doigts huileux
sur mon bas de pyjama. Je sirotais mon Coke entre deux
poignées de frites. L'odeur chaude de mon gang bang
graisseux se faisait sentir dans ma chambre. Comme une
odeur de cigarettes qui ne décolle pas. La fatigue s'est
rapidement mêlée à ma petite partouse. J'ai déposé ma
tête sur l'oreiller quelques instants pour satisfaire mon
corps qui me réclamait une pause. C'était le seul moyen
pour pouvoir attaquer les péchés mignons qu'il me restait à savourer. La télévision éclairait ma silhouette éten-
due de tout son long et son reflet hypnotique rendait mes
paupières lourdes. Le sommeil m'a emportée, me faisant
oublier le restant de mes précieux trésors qui désespé-
raient sur la table de chevet. Évidemment, j'ai fini par me
réveiller. Un vacarme m'avait écorché l'oreille, me faisant
sauter d'un pied dans les airs. Dans une confusion des
plus totales, les yeux agressés par l'écran du téléviseur,

je cherchais à comprendre ce qui se passait. J'avais le visage graisseux et mon chandail était sale. Et puis mon regard s'est porté vers le sol. Une marée de Coke couvrait le plancher, ayant tout éclaboussé sur son passage. En soulevant ma tête de l'oreiller pour mesurer le dégât, j'ai compris d'où provenait cette luisance inconfortable. Je m'étais endormie entre deux bouchées de hamburger qui avait fait son territoire dans mes draps. J'avais de la sauce partout dans les cheveux et un cornichon étampé dans le cou. Je me suis rassise sur le bord de mon lit et j'ai pris le temps, pour une fois, de regarder le bordel que j'avais mis, une fois de plus. J'ai pris ce que j'avais sous la main et je me suis mise à nettoyer. Je faisais aller la serviette sur le sol, les genoux trempés et collants. J'essuyais du mieux que je pouvais. J'avais l'impression de nettoyer l'océan. Et puis, je me suis effondrée. Je n'en revenais pas de me faire subir ça. Je me suis adossée à ma commode en allongeant mes jambes lourdes et engourdies. Je fixais le mur de briques de ma chambre et n'entendais que les rires en canne provenant de la télévision.

C'est la dernière fois que j'en ai mangé. C'est aussi la première fois que j'en ai jeté. Je venais de toucher le fond. J'avais déjà compris qu'en société, ma vie allait de moins en moins bien. Mais là, c'était dans la seule situation où je ne vivais qu'avec moi-même que tout s'écroulait.

LA FAMILLE, LES AMIS ET UNE PASSION

....

« L'espoir qu'elle entretenait de voir mes exploits se réaliser était de plus en plus mince, et moi, j'étais de plus en plus grosse. »

Valérie

LE JOUR OÙ J'AI APPRIS À ME TENIR DEBOUT

Dans ma famille, la magie opère lorsqu'on se retrouve tous les quatre. Dès qu'il manque l'un d'entre nous, c'est comme si on oubliait un ingrédient dans une potion magique. J'ai lu récemment un article mentionnant que le taux de suicide chez les jeunes était moins élevé chez les familles qui soupent ensemble. J'étais stupéfaite de lire quelque chose qui me rejoignait autant et qui s'est avéré exact. Sans ces soupers soir après soir, j'aurais trouvé la vie trop longue et trop lourde. Je ne sais pas si j'aurais survécu.

Lorsque je n'étais qu'un poupon, mes parents, qui faisaient des heures de fou, ont cru bon de me trouver une gardienne à temps plein. Ma sœur était sur le point de commencer la prématernelle, alors que moi, j'étais encore dans ma phase gaga-gougou. C'est par les petites annonces d'un journal que ma mère l'a trouvée. Jamais elle ne se serait doutée qu'elle deviendrait notre troisième grand-maman gâteau. Du berceau jusqu'à l'école primaire, j'ai passé mes journées complètes avec Denise. Elle me traînait partout, à mon grand bonheur. J'étais une vraie star lors de nos escapades quotidiennes. Je captais l'attention grâce à ma force de caractère très affirmée pour mon si jeune âge, mais surtout grâce à mon corps enrobé. Une adorable petite dodue. On s'est tellement bien occupé de moi que, à mon arrivée à la maternelle, je savais déjà lire et écrire. Mais je n'avais jamais fréquenté les garderies ni les parcs pour enfants. Je gravitais dans un monde d'adultes charmés d'avance. Alors, dans un univers à ma grandeur, avec les enfants de mon âge, l'intégration se faisait difficilement pour la petite boulette que j'étais.

Une chance, j'ai eu mes deux cousines. Ma tante et mon oncle habitaient le même quartier que nous, et mes cousines ont été mes plus grandes amies pendant plusieurs années. Bien plus qu'une simple parenté que l'on ne voyait qu'à Noël, elles étaient mes copines de tous les jours. Non seulement nos mères sont sœurs, mais elles et nos pères étaient amis depuis le secondaire : on était vraiment prédestinées à être des familles amies. Tout semblait parfait, jusqu'à ce que la maladie nous fasse perdre quelques morceaux. La maladie a été le canevas de ma relation avec chaque membre de ma famille. Parfois c'étaient mes bobos, parfois les leurs, mais on était tous malades d'amour les uns pour les autres. Et c'est en surmontant des épreuves pénibles qu'on a su en sortir plus forts, plus unis.

Mon père

Je serai toujours la fille à son papa. J'ai maintenant 24 ans, et il me pince encore les cuisses, que j'ai fortes, pour m'agacer quand je regarde tranquillement la télévision après nos soupers familiaux. Je n'ai pas l'impression d'avoir grandi, dans ce temps-là. S'il y a bien une personne à laquelle je voudrais ressembler en vieillissant, c'est lui. La moustache en moins. Je pense être sur la bonne voie. J'ai hérité de son sens de l'humour. Il nous surprend quand on s'y attend le moins. Il connaît la notion «ligne, ligne, punch» digne d'une bonne improvisation, sans même s'en rendre compte. Mon père est trop humble pour se bomber le torse avec ça. Une belle valeur qu'il m'a léguée, comme bien d'autres. Aller droit au but, par exemple, ou exiger peu des autres et travailler pour ce que l'on désire. Il devait être fier de voir ses deux jeunes adolescentes bosser dur pour se payer un peu de luxe. Je me suis toujours reconnue dans sa façon de percevoir la réalité. Rapidement, j'ai compris qu'il n'avait jamais voulu être cool ou s'insérer dans un moule. Il était authentique, fidèle à lui-même, et ça m'inspirait. On a passé beaucoup de temps ensemble. Il venait marquer les points au salon de quilles quand je jouais le samedi matin. Je n'avais pas le profil d'une athlète, mais je me débrouillais assez bien dans ce «sport». Par un hasard inexplicable, je me suis mise à faire des compétitions avec des gens de haut calibre. Il m'accompagnait à chaque entraînement et à chaque tournoi. Notre philosophie était simple : on doit faire ça pour le plaisir, quand il n'y en aura plus, on fera autre chose. Il m'a aussi appris à pêcher. Il venait me chercher à la fin des cours et on allait lancer nos lignes au bord de l'eau. C'était pour le plaisir de faire quelque chose avec moi et de me communiquer ses passions. J'étais son garçon manqué et fière de l'être. Mais le summum des points que l'on a en commun, c'est l'autodestruction. Pendant une bonne partie de ma vie, je l'ai vu vivre heureux tout en ayant une maudite dépendance accrochée à sa cheville comme un boulet. On était prisonniers de nos sentiments profonds. Notre liberté était conditionnelle à la présence de nos excès dans notre quotidien. On ne faisait de mal à personne, sauf à nous-mêmes. Pendant qu'on s'enlisait dans notre routine dévastatrice, on ne réalisait pas qu'on n'était pas les seuls à vivre notre peine. Pendant qu'on récompensait notre tête, on accablait notre corps. On était mal en point. Mon père a dû mettre un frein à sa dérive. La sentence était implacable, c'était la fin qui l'attendait s'il ne changeait pas de comportement. Un vrai déclic, il est soudainement devenu déterminé. On l'a regardé, béats, se libérer de ses chaînes et embrasser sa seconde chance. Son exemple m'a donné une poignée d'espoir qui a fini par me servir au moment où j'en ai eu le plus besoin. Sans le savoir, il m'a préparée toute ma vie pour cette grande évasion, et je ne pourrai jamais assez le remercier.

Ma sœur

Ma sœur et moi, on a des vies complètement à l'opposé. On s'est baignées dans la même source, mais elle nous a dirigées vers différents courants. Moi, ce sont les rapides. Les remous, les vagues immenses et l'eau trouble sont d'excellents puits d'adrénaline, chose à laquelle je carbure. Ma sœur, c'est un ruisseau. L'eau claire, le calme et la fraîcheur sont des éléments qui lui collent bien à la peau. Ma personnalité fracassante et son tempérament discret nous ont donné du fil à retordre lorsque nous étions plus jeunes. Ce n'était pas parce que je l'enviais d'avoir un physique plus avantageux ou d'avoir une gang d'amis fidèles, on avait simplement un parcours différent. Le fait qu'elle soit mince et moi grosse a probablement joué un

rôle dans notre relation, mais ce n'était pas la cause première. C'est à l'âge adulte que la complicité est revenue.
C'est la distance qui nous a rapprochées. Le jour où Joelle
est tombée malade, ça m'a pris du temps avant de le réaliser. C'était irréel que ma grande sœur soit autant touchée
par la maladie pendant que, moi, je tenais encore sur mes
deux jambes. C'était tout juste un an avant ma grande
opération à la colonne vertébrale, je venais d'avoir 20 ans.
Son diagnostic était accablant : une maladie inguérissable
avec des crises irrégulières. Elle s'était payé un petit aller-
retour dans le monde tout-inclus de la cortisone et de
ses effets secondaires lors de sa première crise. Elle s'est
mise à gonfler. Comment ma sœur, une fille toute menue,
avait-elle pu devenir aussi enflée en si peu de temps ? Personne n'a compris sauf ceux qui ont osé le lui demander.
Les autres, plutôt que de s'informer, ont préféré penser
qu'elle avait flanché comme sa petite grosse sœur. Qu'elle
avait décidé de s'empiffrer pour ressembler à une mont-
golfière. Pour une fois, je sentais qu'enfin quelqu'un allait
vraiment me comprendre. Pas juste les gens avec de l'embonpoint, mais elle, ma sœur. Qui était mieux placée
qu'elle pour ressentir les émotions que j'ai pu vivre pendant toutes ces années que l'on avait partagées ? Elle pouvait enfin savoir ce que ça me faisait de me faire photo-
graphier ou de manger dans un buffet avec mes amis ou
ma famille. Elle a saisi ce que ça signifiait d'avoir envie de

se cacher plutôt que de profiter des moments heureux. Son cœur devait fendre en deux lorsqu'elle se regardait dans le miroir. Une métamorphose forcée comme ça, c'est l'horreur. Et puis, la magie de la guérison l'a ramenée à son état initial. Son corps a repris sa forme lentement, pas aussi rapidement qu'elle l'aurait voulu. Elle avait le moral à plat. Au bout du compte, elle s'est remise de ce changement physique parce qu'elle savait qu'elle était bien plus que l'image qu'elle projetait. Et pourtant, moi, pendant ce temps, j'avais les deux pieds au bord d'une falaise, prête à me laisser tomber. Je voyais les solutions virevolter autour de moi, mais j'étais incapable d'en saisir une. Je fixais le fond du précipice. Mais au lieu de sauter dans le vide, je me suis retournée et j'ai pris la main que ma sœur me tendait. Elle avait confiance en moi et j'étais prête à lui prouver que, moi aussi, j'étais capable d'arrêter d'être grosse. Plus rien n'a été pareil entre nous après cet épisode. Enfin, elle était fière d'être ma grande sœur.

Ma mère

Il y a deux personnes dans ce monde que j'ai l'impression d'avoir déçues toute ma vie : ma mère et moi. Notre relation était synonyme de confrontation. En plus d'avoir à me battre pour garder le sourire malgré ma tristesse, selon ma mère, je devais à tout prix gagner mon combat contre l'obésité. J'avais 13 ans quand elle m'a inscrite au programme Weight Watchers. Chaque samedi, je devais aller faire la pesée. Les anciens champions faisaient ensuite l'étalage de leurs heures de gloire pour impressionner les recrues. Mon cheminement vers ma mise en forme semblait beaucoup plus laborieux et ardu que le leur. Pourtant, j'encaissais les coups, même lorsque le pointage n'était pas de mon côté. Je n'étais pas assez forte mentalement pour y arriver. C'est là que j'ai perdu mon premier round. Ma mère me faisait des sermons sur mon attitude de perdante. Son manque de délicatesse et de tact m'enrageait. Je me sentais comme son punching bag. Elle me disait tout haut ce que les gens pensaient tout bas. Avec du recul, je réalise qu'elle était la seule qui me parlait de ma grosseur. J'avais perdu de vue ce pour quoi j'étais remplie de rage et je n'avais que de la rancœur envers elle. Après quelques échanges verbaux musclés, je pouvais prévoir ses répliques moralisatrices. Je la voyais venir de loin. Mais son but, c'était de me montrer l'exemple à suivre et non d'envenimer le lien qu'on essayait de préserver de peine et de misère. L'espoir qu'elle entretenait de voir mes exploits se réaliser était de plus en plus mince, et moi, j'étais de plus en plus grosse. On a fini par ne plus parler de ce sujet chaud. Elle m'a regardée manger mes émotions, le tout rendant mon visage méconnaissable tellement il était boursouflé. Elle s'était convaincue que sa fille, jadis remplie de potentiel, n'allait jamais refaire surface. Sa fille était cependant toujours bien vivante en dedans. Je n'avais pas encore compris que je devais me battre non pas pour l'honneur, mais pour rester en vie. Après un long cheminement, j'ai refait mon entrée dans l'arène, mais cette fois-ci, j'étais entourée d'un public qui scandait mon nom. Aucune chance que j'en sorte perdante, j'allais repartir avec la ceinture de la championne à la taille. Au beau milieu de la foule, j'ai finalement été capable de voir son regard de mère rempli de fierté et de sincérité. L'ancienne moi, à qui je venais de donner une bonne leçon, m'a permis d'avoir enfin une relation harmonieuse avec ma mère. Une partie du mérite lui revient à chacune de mes victoires quotidiennes. Elle m'a montré qu'à force de persévérer et de croire en soi, peu importe le temps que ça prend, on peut toujours y arriver.

Toute ma vie, mon père, ma sœur et ma mère ont fait de moi une meilleure personne. Même si j'étais différente des autres, ils m'ont fait comprendre que c'est ce qui vient de l'intérieur plutôt que de l'extérieur qui importe. Ils m'ont permis d'être une grosse fille heureuse.

« MON PÈRE NE ME
PARLAIT PAS TRÈS
SOUVENT DE MON
POIDS. IL VOULAIT
QUE JE M'AIME,
PEU IMPORTE
MA GROSSEUR. »

Marianne

TOUS À L'UNISSON

La famille Fraser est tricotée serrée. L'amour et la maladie s'entremêlent pour créer des liens aussi solides que complexes. Valérie répond à mes questions pour mieux comprendre l'impact de sa vie familiale sur sa personnalité.

Tu as un lien très fort avec ton père qui a vécu de grandes épreuves, peux-tu me parler un peu plus de lui ?

Mon père a eu un accident de travail qui a détruit son dos. Il est devenu invalide quelques années plus tard, il n'avait même pas 40 ans. Ça a été dur pour lui, mais on a plus ou moins ressenti sa déprime. Moi, j'avais plutôt l'impression qu'il se morfondait à la maison en attendant que sa vie reparte. Il était déboussolé. Son accident l'a obligé à changer son quotidien. Une longue adaptation. Il ne travaillait plus, ne faisait plus les mêmes activités, et ses copains du boulot lui rendaient rarement visite. Alors, il venait me chercher après l'école, on avait du fun : on allait à la pêche, au salon de quilles... De vrais moments privilégiés. Il remplaçait les amis que je n'avais pas, et moi, ceux qu'il n'avait plus. Il faisait le deuil de son ancienne vie. Puis, à force de s'ennuyer toute la journée, il s'est rapproché d'une vieille amie qui l'avait soutenu lors du décès de sa mère, quatre ans plus tôt : la bière... C'était sa béquille, sa doudou. Sa consommation régulière est rapidement devenue une dépendance. En 2007, il a fait une cirrhose causée par la médication et l'alcool. Les médecins avaient sonné l'alarme depuis un bon moment. Il a arrêté la bière du jour au lendemain, et il n'en a plus jamais bu une seule goutte. Ça a été pareil pour le McDo et moi.

**Quelles étaient les répercussions de l'alcool
sur l'ambiance familiale ?**

*On a toujours été une famille heureuse et unie. Mes parents
s'aiment depuis plus de 31 ans. Ils ont été capables d'enri-
chir leur relation à travers les épreuves les plus difficiles. Je
ne sais pas si la consommation d'alcool de mon père était
une source de conflits dans leur couple. Pour moi, ce n'en
était pas une. J'étais simplement contente de passer du bon
temps avec lui, j'étais trop jeune pour me rendre compte
qu'il ruinait sa santé. Ma sœur est plus vieille que moi, et
je sentais que, pour elle, c'était un sujet difficile à aborder.
Elle était en colère, elle ne supportait pas qu'il boive, tandis
que moi, j'avais plutôt envie de le protéger. Joelle était vraiment fière et soulagée quand il s'est repris en mains.*

**Si ton père n'avait pas eu une dépendance à la bière,
penses-tu que cela t'aurait aidée face à ton obésité ?**

*Rien n'arrive pour rien. C'est une des philosophies de vie
de mon père, et j'y crois. S'il n'avait pas pris cette voie, ma
vie serait peut-être différente. Le fait de voir un adulte vivre
avec une dépendance me donnait l'impression que j'avais le
droit d'en avoir une moi aussi, et que je n'étais pas obligée
de changer à tout prix. Je pense que j'aurais eu plus de mal à
m'accepter et à assumer mon poids s'il n'avait pas été aussi
proche de moi.*

Est-ce que ton père a été une source d'inspiration ?

C'est sûr ! J'étais fière qu'il s'en soit sorti. Tu sais, on se ressemble beaucoup : on est excessifs et on s'est rendus malades avec nos dépendances. Mais on est déterminés quand on se donne un objectif. Mon père ne devrait pas avoir honte de cette faiblesse qu'il a eue dans le passé, il devrait plutôt être fier de s'être relevé. C'est ce que j'aurais envie qu'il sache.

Pourtant, le déclic pour ta propre transformation est venu bien plus tard. Pourquoi avoir attendu si longtemps ?

J'ai fait passer la santé de mes proches avant la mienne. Au moment où ces événements se sont passés, j'avais mal au dos, mais je n'ai rien dit parce que mon père était dans un état critique. Puis, ma sœur a eu ses crises de lupus et son opération au dos. Ça nous a scié les jambes quand elle est entrée à l'hôpital. J'avais trop honte de moi pour en rajouter avec mes pépins. J'ai attendu mon tour... J'ai marché avec une canne pendant un an avant d'être opérée pour la colonne, en 2009. La situation s'est réglée rapidement et on l'a mise de côté aussi vite. Ensuite, ma mère a été victime d'une erreur médicale quand elle a eu son hystérectomie, ce qui l'a confinée à la maison pendant six mois. Une chance, mon père était là pour s'occuper d'elle. On était essoufflés. Puis, on m'a enlevé la vésicule biliaire en juin 2011. Enfin, mon père a reçu un diagnostic d'hypertension pulmonaire. On ne voyait plus la fin. Alors, mon problème de poids...

Est-ce que les membres de ta famille te confrontaient par rapport à ton obésité ?

Mon père ne me parlait pas très souvent de mon poids. Il voulait que je m'aime, peu importe ma grosseur. Ma mère me le remettait toujours sur le nez : « Tu aurais peut-être un chum si tu perdais du poids. Tu pourrais porter les vêtements que tu veux si tu perdais du poids. » Quand j'étais en cinquième secondaire, elle m'a annoncé : « On va devoir aller magasiner ta robe de bal dès le mois de janvier parce que ça va prendre du temps. » Finalement, la première robe que j'ai essayée, elle me l'a achetée. Et là, elle m'a dit : « Elle est chère en maudit. » J'avais l'impression qu'elle n'était jamais satisfaite, même quand quelque chose me rendait heureuse. Je n'étais jamais une gagnante pour elle.

Aurais-tu aimé qu'elle accepte ton physique comme ton père le faisait ?

Au moins qu'elle le perçoive comme une qualité, un trait de ma personnalité. J'étais très fâchée et je me souviens d'avoir souvent dit que je la détestais. Ça me faisait mal au cœur qu'elle ne soit jamais de mon bord. J'ai continué à faire ce que je voulais, mais en cachette. La situation a complètement changé lorsque j'ai créé ma page Facebook. Elle a arrêté de s'inquiéter pour moi. Maintenant, on travaille ensemble tous les jours dans le même bureau. Cela aurait été inconcevable il y a à peine trois ans.

Est-ce que ta mère souffrait de te voir si grosse ?

Lorsque j'étais enfant, elle faisait tout pour éviter que j'aie de la peine à cause de mon obésité. À 5 ans, j'étais inscrite dans un cours de ballet jazz. À la fin de l'année, les costumes ne m'allaient pas. On m'a habillée comme on pouvait. Je sortais encore davantage du lot. Pour moi, ce n'était pas grave, j'avais du plaisir à danser, mais ma mère, ça l'attristait que je ne sois pas traitée comme les autres. Elle a souffert de se faire juger d'avoir un enfant gros.

Et ta sœur ?

Elle était plus compréhensive. Elle me demandait comment je me sentais, elle voulait trouver des solutions. Elle me questionnait : « Tu ne penses pas que si tu prenais soin de toi, tu n'aurais pas autant de peine ? Tu ne voudrais pas perdre du poids pour faire plus de choses ? » Elle me poussait à réfléchir sur ma propre personne. Mais j'ignorais son aide, car je ne me sentais pas proche d'elle. Je ne me rendais pas compte qu'elle me disait tout ça pour mon bien. Aujourd'hui, si j'ai besoin d'un conseil ou d'un remontant, c'est vers elle que je me tourne.

Après toutes ces tragédies, vous êtes une famille plus unie que jamais. Comment l'expliques-tu ?

On a concentré notre énergie à tirer du positif de toutes les situations malheureuses qui nous sont arrivées. Souper soir après soir en compagnie les uns des autres, ça a été l'élément qui a fait la différence. À force de devoir se parler de tout et de rien, nos discussions ne tournaient pas toujours autour de nos bobos. On finissait par rire un bon coup, et on sortait de table plus légers.

« Ma relation avec la nourriture était en fait un suicide assisté à long terme. »

Valérie

LE JOUR OÙ J'AI COMMENCÉ À FAIRE MON MÉNAGE

J'étais complètement rétablie de mon opération de juin 2011. Une deuxième en trois ans. Ça en dit long sur mon état mental assez ébranlé. J'avais l'impression d'avoir eu un accident de char. On avait réparé mon bolide pour faire croire que tout roulait comme du neuf tandis que moi, les mains sur le volant, j'avais la sensation d'absorber encore les coups.

L'été chaud et collant ne m'aidait pas non plus à passer au travers. Je tournais en rond. Je ne fréquentais pas les bonnes personnes à cette époque. Je me cherchais. Et puis, sortie de nulle part, une connaissance de la ligue d'improvisation m'envoie un message. Elle propose d'organiser un souper. Impossible de refuser son offre. Maudit que je la trouvais cool dans le temps, et j'avais envie de savoir où elle était rendue.

Quelques jours plus tard, je débarque dans le quartier Hochelaga-Maisonneuve. C'était la première fois que j'y faisais une vraie visite. La jeune femme avide d'action et de chicanes de galerie que je suis était plus que choyée. Berekia m'a accueillie dans son humble demeure, et je suis tombée sous le charme. L'odeur de l'encens et la déco reggae éclectique m'ont tout de suite plu. On a cuisiné un repas décadent et végétarien. Des termes que je n'aurais jamais cru possible d'associer avant ce souper. Je me sentais privilégiée de passer la soirée en sa compagnie. Nous avons fini ces belles retrouvailles entourées d'anciens improvisateurs, à ressasser de bons vieux souvenirs. Je n'avais aucune envie que cette journée se termine. Heureusement, Berekia m'avait proposé au courant de la soirée d'emménager avec elle et une autre amie commune : Andrée-Anne. J'aurais pu crier oui sur-le-champ, mais partir de chez mes parents et commencer ma vie d'adulte, ce n'était pas une décision à prendre à la légère. J'ai finalement accepté et j'ai apporté mes boîtes quelques semaines plus tard. Ma première soirée dans ma nouvelle demeure a été un flop. Je n'avais pas encore assimilé la notion de partage et de cohabitation. Comme un enfant à qui on confie des responsabilités, je voulais faire ma grande. La catastrophe était imminente. J'ai eu la brillante idée de vouloir assembler mes meubles toute seule. J'ai été conne de croire que ça allait bien finir. Il y a juste le bonhomme sur le plan qui est heureux de monter un lit double. Après une session de sacres, j'ai vu ma belle commode s'effondrer comme un château de cartes. J'avais payé de ma poche ces nouveaux meubles et je n'avais même pas eu la chance d'y mettre un seul vête-ment. J'ai appelé mon père en panique. Il s'attendait à un appel de détresse de ma part, mais il devait être découragé qu'il survienne aussi rapidement. Il est venu constater les dégâts. Il avait un regard de papa pas fier de ma foutue tête de cochon. J'étais inconsolable. Mes colocataires et plusieurs de nos amis sont arrivés au même moment. Mon père était furieux et m'a laissée sur une note pas très positive. Tout le monde était alarmé par mon état de panique. C'est là que la gang, qui venait fêter l'anniver-saire d'Andrée-Anne, s'est mise à monter le seul meuble que j'avais gardé intact : mon énorme lit. On m'a sug-géré de me ressaisir en allant prendre une douche. C'est autour de 4 heures du matin qu'ils ont fini l'assemblage de mon nid douillet. Un geste qui m'a touchée droit au cœur. Ma nouvelle maison devenait ma nouvelle famille.

J'ai commencé à prendre encore plus de poids et à être encore plus sédentaire. J'enflais comme un ballon gonflé à l'hélium, sauf que dans mon cas, ce sont mes remords qui s'envolaient. J'avais beaucoup de plaisir à vivre avec ces deux filles, malgré nos modes de vie opposés. Au début, nos différences ne m'amenaient pas à me poser des questions sur mes habitudes de vie. On avait chacune une saveur et une couleur unique. On était un gros pot de crème glacée napolitaine.

D'un côté, Berekia enrichissait mes réflexions et m'aidait à m'ouvrir l'esprit. À Noël, elle m'avait offert le DVD d'un documentaire muet. Une série d'images à couper le souffle illustrant les différentes cultures et enjeux dans le monde. Ce film, tout comme Berekia, a une valeur inestimable pour moi. J'avais la chance d'avoir une artiste passionnée avec qui partager ma maison. Elle m'a aussi appris l'amour des mots. Elle m'inspirait. Elle me parlait de ses projets embryonnaires, que j'ai eu la chance de voir naître. Enfin quelqu'un qui ne collectionnait pas les échecs. C'était valorisant de se sentir aussi proche d'une personne si positive. De l'autre côté, Andrée-Anne était un journal intime animé. J'avais un plaisir fou à partager mes histoires avec elle. Tout comme mon autre colocataire, elle représentait à merveille un côté de ma personnalité. Son charme émane de son attitude indépendante et détermi-née. Un petit bout de femme qui déplace de l'air. Quand une tornade et un ouragan se rencontrent, c'est tout un phénomène, mais c'est surtout étourdissant. Lorsque j'avais le goût de me déconnecter, c'était à sa porte que je cognais. On s'étendait sur son lit, à regarder des films ou des séries télé en boucle. Entourées d'un brouillard de fumée, on se créait un moment de répit pour oublier nos problèmes. Elle me parlait de ses soucis reliés à son passé, ça me rappelait mon mal de vivre qui me dévorait une fois la nuit tombée. Elle passait la majeure partie de son temps dans sa chambre à cultiver sa solitude. C'était sa forte-resse. La mienne évoluait dans ma tête sous l'emprise de mon obésité grandissante. Je voyais bien que mon embon-point étouffait ma liberté. Sa lucidité m'a éclairée lorsque j'étais perdue dans mes sombres pensées. Son passage dans ma vie fut inespéré alors que la noirceur était sur le point de me rendre aveugle. C'est pour ça que j'aime autant Andrée-Anne. Mais je ne pouvais plus continuer à nourrir mon côté sombre qui grugeait le peu d'espoir qu'il me restait. J'ai décidé de quitter l'appartement. Pour mon bien et pour le sien, car dès que notre duo infernal refai-sait surface, il était prêt à tout détruire sur son passage.

Notre maison était vivante au même titre que nos discussions. Notre cuisine était le point de rencontre de notre club de filles. Chacune amenait son ingrédient et on se faisait une grosse bouffe de rigolades et de placotages. On garnissait notre recette gagnante de fines herbes pas trop légales. Ça nous ouvrait l'appétit. Ce rituel quotidien mettait la table à des conversations franches et honnêtes. Une année complète à côtoyer d'aussi formidables filles m'a suffi pour réaliser que j'étais prête à faire le grand saut. Devenir enfin une femme de tête et de courage, révéler qui j'étais vraiment. Quand j'ai décidé de faire le ménage de mon garde-manger et de la crasse que j'avais dans la tête, elles m'ont soutenue. Je sentais qu'elles étaient derrière moi et comprenaient à quel point je faisais des efforts. Elles m'avaient vue me débattre dans les sables mouvants jusqu'à en perdre la tête. Mes colocataires étaient aux premières loges lorsque j'ai commencé mon combat contre l'obésité. Un mois venait de passer. J'étais indestructible, ça se sentait. Un après-midi, en revenant du gym, Berekia et moi parlions de ce que j'étais en train d'accomplir. De ma détermination depuis le début. Rien à voir avec ce que ma page pouvait en révéler, c'était décuplé fois mille dans la vraie vie. C'était important que j'en sois consciente. Elle m'a avoué : «Je me rappelle m'être déjà dit en te regardant assise au bout de la table : "C'est dommage, mais Val a give up sur la vie. Elle attend juste de crever".» Ouille. Ça a fait l'effet d'une bombe nucléaire sur la mentalité de grosse qui me restait en tête. Une vérité qui m'a fait plus de bien que de tort. Je n'aurais jamais cru qu'on aurait pu penser ça de moi, d'une personne obèse. Ma relation avec la nourriture était en fait un suicide assisté à long terme. Une déclaration choc. Une fois de plus, sa sagesse m'avait ouvert les yeux et, dans ce cas-ci, a allumé le flambeau qui m'aide à foncer quand je me perds dans mes vieux cauchemars.

Notre cohabitation était plus qu'un partage de salle de bain, ce fut une révélation. Je pense que j'avais cherché toute ma vie des femmes comme elles. Des femmes que je n'enviais pas mais que j'admirais, avec une énergie contagieuse. Ça faisait du bien de se trouver des amies authentiques. Une rareté dans mon monde de grosse. Même si ma vie a beaucoup changé, elles seront toujours les membres VIP de ma guestlist d'amitiés véritables.

« JE N'AI AUCUNE IDÉE DE CE QU'EST LA RÉALITÉ D'UNE MÈRE QUI DOIT S'OCCUPER D'UN ENFANT AVEC UN SURPLUS DE POIDS, POUR QUI LES INSULTES ET LE JUGEMENT SONT MONNAIE COURANTE. »

MARIANNE

LA PETITE FILLE OBÈSE QUI VOULAIT
SE BALANCER

C'est une fin de journée ensoleillée au parc. Il y a foule même si on est en pleine semaine. C'est la première vraie journée chaude du printemps, celle qui permet aux enfants d'enlever leur manteau. Ça court, ça joue, ça grimpe. À la balançoire, nous sommes un petit groupe de mères bien alignées avec nos enfants qui vont et viennent en parallèle.

Les deux pieds dans le sable, je me suis placée devant ma plus jeune pour la pousser doucement et lui faire des faces de maman contente de sortir de la maison. Elle a le tonus d'une poupée de chiffon, mais elle s'agrippe fermement au rebord chaque fois que les papillons remontent dans son ventre. Elle jubile. Puis, dans le brouhaha normal d'un espace bondé de ti-culs, une voix s'élève, un cri de colère.

Les têtes se tournent, on essaie de localiser la source. C'est une des mères au bout de la balançoire qui invective un trio de jeunes adolescentes, postées un peu plus loin dans un module de jeu. Elle est hors d'elle : «Vous vous pensez ben bonnes, hein ? Just go look at yourself in the mirror. » Elle sacre en français et en anglais, beaucoup. Les mères aux balançoires ont un sursaut simultané en pensant aux nombreuses jeunes oreilles témoins de la scène. Un silence de curiosité et de malaise s'installe. «Si vous avez rien de mieux à faire que de rire du monde, crissez votre camp ! Les p'tites bitches ! » Je suis figée sur place, seuls mes yeux bougent en faisant des allers-retours rapides de la mère aux ados. Ces dernières tentent de rester cool, mais sont visiblement déstabilisées de se faire dire «Go fuck yourselves ! » devant tout le monde. Puis j'aperçois une petite fille qui pleure silencieusement auprès de la mère. Elle est grosse, presque obèse. L'enfant tire sur le chandail de sa mère pour partir, mais celle-ci lui ordonne de rester : «C'est pas vrai que des p'tites bitches vont t'empêcher de jouer au parc. » Mes oreilles en frisent et mon cœur se serre. Les intimidatrices chuchotent entre elles, se lèvent puis partent en traînant les pieds et en roulant les yeux. La mère répète furieusement «Avez-vous vu de quoi vous avez l'air ? Just go look at yourself in the mirror ! » pour s'assurer de les pousser en dehors du parc.

L'affrontement est fini, la mère est encore pompée. Elle sacre toujours, mais elle ne crie plus. J'échange un regard avec mes voisines de balançoire. On ne sait pas quoi dire, à part « Ouf. Hein. Isch. » La violence déployée à nos côtés nous a ébranlées. Je fixe mon bébé pour essayer de reprendre le dessus sur mes émotions et pour enlever le poids de mon regard sur la femme fâchée, mais surtout sur la pauvre fillette que des dizaines et des dizaines d'yeux dévisagent.

C'est à elle que je pense. La honte d'être humiliée par des « grandes » et par sa mère qui fait une scène devant tout le monde. L'adulte qui répond à l'attaque en frappant plus fort, avec des mots aussi gros que sa colère. C'est le vocabulaire du quartier, bien qu'il soit inapproprié pour un terrain de jeux. Insulter les enfants qui ont insulté ton enfant, je ne suis pas d'accord, mais on se défend comme on peut, avec les outils qu'on a, que je me dis. Œil pour œil pis dans tes dents.

Qu'est-ce que j'aurais fait à sa place ? Est-ce que j'aurais mieux réagi ? J'ose croire que je serais intervenue en allant voir directement les ados ou j'aurais tenté de les ignorer. Me connaissant, j'aurais sans doute figé, bégayé n'importe quoi les yeux pleins d'eau... Je ne sais pas. Je pense, en ayant mes filles en tête, mais je n'ai aucune idée de ce qu'est la réalité d'une mère qui doit s'occuper d'un enfant avec un surplus de poids, pour qui les insultes et le jugement sont monnaie courante. Une mère qui se fait également montrer du doigt pour son incapacité à élever son enfant de manière saine. Peu importe si c'est vrai ou non.

De mon côté, mes filles cadrent tout à fait avec les standards de « développement corporel ». J'ai le rôle facile de la cueilleuse de compliments. Jamais on ne les a critiquées sur leur aspect physique en ma présence. D'ailleurs, à la seule pensée de les savoir victimes de la méchanceté des autres, j'ai un motton dans la gorge. Pourtant, c'est inévitable, elles rencontreront des pas fins, des tout croches, elles auront de la peine, mais c'est encore une zone qui porte l'étiquette « déni » dans ma tête. Je vois poindre le moment où je ne connaîtrai plus tous leurs petits amis et leurs parents, où les chicanes tourneront autour d'autre chose que du tapochage entre bambins, mais je n'ai pas envie d'y penser maintenant, de stresser avec des situations hypothétiques. La courbe d'apprentissage de la parentalité est déjà assez exigeante comme ça. Chaque chose en son temps. Tout ce que je peux souhaiter, c'est que mes bonnes intentions et l'amour que je leur porte puissent les inciter à développer leur estime de soi, leur autonomie et leur sens de la répartie. Leur empathie et leur tolérance aussi. Je ne voudrais pas qu'elles deviennent des tortionnaires de cour d'école. C'est le côté ingrat d'être parent : j'ai beau me démener pour leur apprendre à être fortes sans écraser les autres, ce sont elles qui décident ce qu'elles prennent et ce qu'elles laissent de leur éducation. Leur conscience, leur instinct et leur personnalité jugeront de ce qui compte pour elles. J'agis en accord avec mes valeurs, mais on ne sait jamais comment ça peut tourner. Cinq secondes peuvent les marquer davantage que cinq ans de routine réglée au quart de tour. Des amis, un livre, un accident peuvent tout changer. Bon, c'est le retour du motton dans la gorge. Ce lâcher prise, il est difficile. C'est aussi accepter que même en leur donnant notre meilleur, on leur transmet nos mauvais plis. Même en prenant soin d'eux, on les scrape un peu.

Tandis que je tergiverse et tousse pour faire descendre ma boule d'émotion, un groupe de trois petites filles de 8 à 10 ans s'est approché des balançoires. Je sors de ma torpeur métaphysique au moment où elles saluent la fillette quasi obèse. Celle-ci les évite du regard et se protège d'un éventuel affront. Elles l'abordent comme si rien ne s'était passé : « Est-ce que tu viens jouer souvent au parc ? Est-ce que t'aimes ça te balancer ? Tu vas à quelle école ? » Le visage renfrogné de la petite se détend un peu. Elle se détache de sa mère à ses côtés. « T'as quel âge ? » J'entends sa voix pour la première fois : « Cinq ans. » Je suis bouche bée. Non seulement elle a l'air plus vieille, je la trouve vraiment jeune pour vivre ces émotions dégueulasses. « Oh ! Tu vas à la maternelle ! On pensait que tu avais notre âge ! » Et là, s'ensuivent les présentations officielles et une jasette animée sur les écoles et les parcs du coin. Elles se balancent deux à la fois, les deux autres les poussant dans le dos jusqu'au ciel. Là, c'est moi qui jubile. J'ai le goût d'applaudir les trois fillettes qui ont eu la brillante idée d'essuyer le dégât causé par leurs aînées. Des enfants d'âge primaire qui prennent ce genre d'initiative, ça m'impressionne et ça me rassure en même temps. Ça me donne foi en l'avenir. Elles ont eu l'effet d'un pansement sur un bobo. Quand la fameuse mère défenderesse annonce le départ vers la maison, toutes se font des bye bye chaleureux. J'avais le goût de les embrasser. Je gage que la grosse petite fille n'a pas senti son poids sur le chemin du retour tellement il y avait de papillons dans son ventre.

L'obésité infantile, ça nous met tout à l'envers. Ça nous trouble (et avec raison) que le nombre d'enfants obèses ou ayant un surplus de poids au Canada ait triplé depuis les années 1980. En 2011, parmi la large tranche d'âge des 2 à 17 ans, on estimait qu'un jeune sur quatre souffrait de ce problème et des railleries de ses camarades. Car la discrimination envers ces enfants et ces adolescents est bien réelle, études à l'appui. L'une d'elles, menée d'abord en 1961 et répétée en 2001, confirme que les écoliers américains de 5e et 6e année préféreraient avoir un ami défiguré, marchant avec des béquilles, sans mains ou en fauteuil roulant avant d'avoir un ami obèse! Quarante ans plus tard, l'obésité est toujours au bas de la liste des dysfonctions physiques acceptables, et ce, par une marge encore plus importante. En examinant de plus près les résultats, on remarque aussi que 77 % des filles l'ont placée au dernier ou à l'avant-dernier rang. C'est le rejet systématique. Chez les enfants d'âge préscolaire, ce n'est guère mieux. Selon une étude faite par l'Université Ryerson de Toronto, les tout-petits de deux ans et demi à cinq ans démontrent également des préjugés négatifs à l'égard d'une personne affichant de l'embonpoint. Ils lui confèrent un caractère moins sympathique, plus « méchant » qu'une personne mince. Des enfants de deux ans et demi! Que de petits êtres humains qui savent à peine former une phrase complète puissent porter des jugements aussi durs nous démontre une chose : aussi bien avoir de bons modèles quand tu apprends en imitant.

Ça ne s'invente pas : quelques heures après avoir écrit les dernières lignes de ce texte, j'ai vu la petite fille intimidée au même parc. Je ne l'avais pas croisée depuis l'incident, c'est-à-dire il y a presque six mois. C'est une drôle de coïncidence, surtout qu'on se rend à ce parc au moins deux fois par semaine. Elle portait un t-shirt avec un message presque ésotérique, vu les circonstances : un éléphant rose fluo et les mots « I don't forget, I don't care. »

« J'étais son amie, pas son amie grosse. »

Valérie

LE JOUR OÙ MA FAMILLE S'EST AGRANDIE

J'ai un frère depuis presque trois ans et mes parents ne le savent pas. Ils le connaissent, mais je crois qu'ils ne réalisent pas à quel point il est important pour moi. Lui non plus, d'ailleurs. Notre rencontre, tout comme notre amitié, n'a rien de banal. Je venais d'emménager avec Andrée-Anne et Berekia quelques jours auparavant. Il était venu visiter une de mes colocataires. J'étais chez moi, en gros jogging, avec les cheveux aussi gras qu'une livre de beurre.

En sortant de ma chambre, je suis tombée sur ce jeune taupin et son coéquipier. On s'est présentés, et la discussion a commencé. J'étais authentique et ça l'a accroché. Probablement à cause de mon horrible tête et de mon habituel vomi verbal. Le lendemain, il revenait. Et le jour suivant, et l'autre après. Ces rencontres sont vite devenues une routine. Il avait su voir en moi plus que l'image que je dégageais. Nous étions toujours ensemble. Au-delà de l'ambiance de famille que j'essayais de créer, j'avais trouvé un complice. Il était le jeune frérot excité et, moi, la grande sœur matante. Notre duo me sécurisait. J'étais enfin prête à faire confiance à quelqu'un d'autre que moi, ce qui m'a rendue plus forte. Nous étions tous les deux convaincus que notre relation pouvait combattre n'importe quelle tempête. J'étais son amie, pas son amie grosse.

L'arrivée d'Alex a été le début d'un renouveau. J'ai commencé à m'ouvrir et à parler de mes vrais sentiments. On passait nos soirées dans la cuisine à jaser, à manger et à rire. Ça me réjouissait de savoir que l'amour que j'éprouvais pour lui comme ami était aussi fort et possible. Et plus on se parlait de nos rêves, plus on avait envie de tout faire pour réussir. Il vivait de liberté et d'inspiration, ce qui m'a toujours fascinée. Il devine des côtés de ma personnalité que même moi j'ignore. Un genre de jumeau cosmique. Avant de le connaître, j'avais toujours peur de déplaire, je n'osais pas dire non. Avec lui, j'ai arrêté de m'en faire pour les autres et j'ai enfin pensé à moi.

Notre amitié se développait de façon fulgurante. On a décidé de devenir colocataires. J'ai redécouvert son grand cœur quelques jours après la prise de possession de notre appartement. Tout marchait très bien et on se plaisait à vivre ensemble. Pour ma part, j'avais commencé mon défi, et ma page Facebook roulait sa bosse. La tentation venait de tous les côtés, et j'en avais trop sur les bras. Une nuit, je me suis réveillée avec une douleur à la poitrine. Ce même maudit point que je croyais disparu. Cette douleur m'avait mérité le commentaire le plus frappant que j'avais entendu de ma vie. J'entendais la voix de mon médecin me rappeler que je ne passerais pas la trentaine. Un an plus tard, pratiquement jour pour jour, j'avais d'étranges flashback de cette période douloureuse. J'étais pourtant sortie de mon trou noir. Je n'y comprenais rien. Ça faisait bientôt trois mois que je m'entraînais et que je mangeais santé. Impossible que ça me rattrape aujourd'hui. J'étais frustrée et inquiète. Est-ce que j'avais trop tardé? Mon deadline était-il arrivé? Je n'ai pas réfléchi et j'ai appelé un taxi. Je voulais en avoir le cœur net. Alexis dormait dans sa chambre et je n'avais aucune envie de le réveiller pour l'affoler. Un réflexe d'ancienne grosse qui ne demande jamais l'aide de personne. Assise dans l'escalier en colimaçon, j'attendais l'arrivée du chauffeur. Le soleil se levait et j'ai vu la voiture arriver au travers des faisceaux de lumière. Direction les urgences. Voyant que je n'allais pas bien, le conducteur brûlait les feux rouges. Une fois passé le triage, j'ai envoyé un message texte à Alexis pour ne pas qu'il s'inquiète de mon absence : j'étais à l'urgence et j'attendais qu'on m'appelle pour des tests. Il n'avait pas l'air énervé par la situation dans son message de retour. J'étais déçue. Le confort de son lit semblait plus important que ma présence à l'hôpital. Je me fouettais l'esprit à grands coups de ceinture pour me rappeler que je ne pouvais me fier que sur moi. Soudain, Alexis est entré dans la salle d'attente, me cherchant du regard. Il m'a aperçue et est venu s'asseoir à mes côtés. On n'a pas eu besoin d'échanger beaucoup de mots pour se comprendre : j'aurais dû lui faire confiance. Il est ce genre de personne sur qui on peut toujours compter. Peu importait le moment, le jour ou l'endroit, on n'était pas juste amis quand ça nous arrangeait. On le serait pour le meilleur et pour le pire. Et puis il y a eu ce jour où je cherchais un nom pour ma page Facebook. On lançait des idées. Certaines ont passé le cap de la bonne blague et d'autres ont sombré dans l'oubli. Et puis, les deux mains tenant la barre de métal au-dessus de ma porte de chambre, en se balançant, comme à son habitude, il a sorti les mots magiques : « Appelle ça *Le jour où j'ai arrêté d'être grosse.* » Je l'ai regardé avec un sourire en coin, lui expliquant que je n'avais pas arrêté, mais que j'*allais* arrêter d'être grosse. Il a rétorqué avec l'arrogance que je lui connaissais : « Non, là, faut que tu arrêtes d'être grosse. Tant que tu vas l'être dans ta tête, tu vas rester grosse, Val. » Et c'est comme ça que je lui dois le nom de ce projet qui a changé ma vie. Alexis n'a pas toujours été présent dans mon processus. Je lui en ai souvent voulu de ne pas s'impliquer assez. Je l'entendais davantage parler de moi comme de sa colocataire qui était devenue un phénomène du Web que comme sa meilleure amie avec qui il partageait sa maison. J'avais l'impression que cette popularité nous éloignerait l'un de l'autre. C'était inconcevable qu'il soit tombé dans ce piège. Mais je me trompais : au contraire, il avait compris le concept mieux que personne. Ce n'est pas à grands coups de « J'aime » sur une photo de pantalon trop grand qu'on montre qu'on tient vraiment à quelqu'un. C'est en le prévenant qu'il ne va pas beaucoup au gym depuis quelque temps et qu'on s'inquiète pour lui.

Notre rencontre semble être à des années-lumière. Cette fille à l'allure peu soignée qui avait mis ses rêves aux oubliettes n'est plus. Elle a laissé sa place à quelqu'un de bien plus précieux à mes yeux.

« On a finalement ajouté une qualité à ma description physique. J'étais la grosse drôle. »

Valérie

LE JOUR OÙ J'AI TROUVÉ CHAUSSURE À MON PIED

L'humour allège ma vie. Ça m'a permis de passer à travers mille épreuves et mille journées. On a souvent ri de moi, mais j'ai bien plus souvent ri de bon cœur. En faire plus que tout le monde en s'esclaffant et prévoir les blagues blessantes à l'avance me servait de bouclier. Quand on sait déjà rigoler de soi, ça décourage les autres de le faire. Mais au final, c'est bien plus qu'un moyen de défense. C'est qui je suis vraiment, une comique.

Enfant, mes parents s'étaient rendu compte de mon côté clownesque. C'est de famille, ce sens de l'humour aiguisé, et j'en suis heureuse. J'ai répété mes premiers monologues assise à la table, aux soupers en famille. On s'est toujours raconté nos anecdotes quotidiennes d'une manière hilarante. En m'inscrivant à des ateliers d'improvisation, mes parents voulaient probablement me faire développer ce côté créatif. De toute manière, à part les cours de natation, les choix pour une petite potelée comme moi étaient limités. Je n'avais que 10 ans à l'époque, et je me souviens encore de la naissance de certains personnages que j'ai façonnés avec le temps et que j'ai longtemps personnifiés sur scène. J'avais enfin trouvé une activité dans laquelle j'avais du plaisir et du talent. C'est là que j'ai compris que mon arrivée au secondaire serait moins difficile que je l'imaginais. Parce que, avoir la capacité de faire rire les gens, c'est comme passer «Go» et réclamer 200 $ au Monopoly, c'est toujours le fun !

Je n'ai jamais rien vécu d'aussi fort. Me lancer dans le vide avec seulement mes mots et mes gestes pour éviter de m'écraser au sol. Et voir l'auditoire boire tes paroles et embarquer dans le monde que tu lui présentes. C'est orgasmique. Je me donnais tout entière, vulnérable, en espérant que ça ferait oublier le reste. On a finalement ajouté une qualité à ma description physique. J'étais la grosse drôle.

Je n'étais pas la fille loser ni la populaire de l'école. J'étais «normale». Celle qui se faufile dans les différents groupes, mais qui ne prend jamais racine. C'était le meilleur moyen pour trouver de l'inspiration. J'ai eu droit à ma première expérience de tournoi d'impro en troisième secondaire. Une fin de semaine où l'on décroche de la réalité et où on s'accroche à ce monde. Ma coach, une ancienne professeure de mathématiques que j'adorais, était venue me chercher dans le local d'histoire. J'avais le cœur qui battait tellement fort! Elle m'a annoncé la bonne nouvelle. On avait accepté ma candidature. J'étais heureuse et touchée. Je pense que je flottais quand je suis retournée dans la classe. Quelques mois plus tard, ce fut le jour du départ. J'étais prise de panique. Je ne jouais plus devant le public habituel, mais devant des improvisateurs qui connaissaient les enjeux. J'ai décidé de faire ce que je faisais le mieux, avoir du plaisir. Je me suis toujours dit ça: «Tant que tu as du plaisir, fais-le; sinon, arrête.» Alors j'y suis allée avec le cœur à la fête. Un gros huit heures de route pour se rendre à Saint-Pascal-de-Kamouraska, l'un des plus beaux villages du Bas-du-Fleuve. C'était l'évènement du village, tout le monde nous attendait. On diffusait les matchs d'improvisation à la télévision communautaire. Je l'ignorais, et c'est seulement une fois chez moi que j'ai eu la chance de revoir ces vidéos sur Internet. J'entendais les commentaires des animateurs sur moi. J'étais cette fameuse joueuse de Montréal, le coup de cœur du public de la région. Pardon ? Moi, une petite fille de Pointe-aux-Trembles, j'avais réussi à me faire aimer des gens, jusque dans l'intimité de leur salon ? C'était fou ! J'en entends encore parler aujourd'hui. Tout récemment, j'ai vu le message du responsable de la diffusion de l'évènement qui m'a écrit sur ma page Facebook. Quand je l'ai lu, j'ai fondu en larmes. Si vous saviez ce que ça signifie pour moi, c'est indescriptible. Sans eux, je ne pourrais pas suivre ma passion. Le public, c'est la base de mon succès en général. Je devais dire au revoir à cette belle étape de ma vie qu'a été l'école secondaire. J'étais convaincue que pour moi, c'était terminé, que je devais déjà tirer ma révérence. J'ai décidé de m'investir dans mon programme de communication et de partir en voyage à Paris. Le temps dont je disposais, je le consacrais à ça, au grand malheur de mon ami Sacha qui voulait que je continue l'improvisation. L'année suivante, me voyant sans aucun projet et avec beaucoup de temps libre, il est revenu à la charge en me proposant de faire le camp de sélection de l'improvisation du collège Maisonneuve. J'ai dit oui sur-le-champ. Deux jours d'ateliers pour juger qui est plus drôle que qui, qui connecte avec qui et qui a l'étoffe pour faire partie de quelle équipe, et tout était prêt. J'ai défoncé la porte à grands coups de pied pour montrer à tout le monde que j'étais dans la place.

J'ai commencé à prendre les études moins au sérieux. J'étais plus souvent dans les locaux de théâtre et d'impro, écrasée sur les divans, à faire des niaiseries et à écouter des vidéos sur Internet jusqu'à en pleurer de rire. Je n'avais aucune envie de me faire bourrer le crâne d'une matière qui ne m'intéressait pas du tout. Je n'arrivais pas à concevoir que je m'infligeais ça quand j'aurais tellement voulu être ailleurs à me créer des souvenirs impérissables. Et puis, j'ai quitté le collège pour un autre cégep, celui du Vieux-Montréal. Je n'avais plus le goût de détonner dans mes écarts créatifs et je souhaitais sentir que le monde bougeait autour de moi. Évidemment, j'allais continuer à faire de l'impro, la question ne se posait même pas. Durant les 12 années où j'ai fait de l'improvisation, j'ai vécu des déceptions pas possibles et des joies incroyables. Un monde d'incertitude passionnel. On n'a ni décor ni textes pour soutenir nos élans, c'est simplement une question de connexion avec les spectateurs. Notre création est éphémère, mais notre amour du jeu restera toujours. J'ai eu la chance d'y rencontrer des gens merveilleux, remplis d'humanité. Chaque soirée d'impro, c'est comme si on retrouvait ses vieux chums avec qui on a fait les 400 coups. Dormir à même le plancher, au cégep, avec un manteau en guise de couverture, après avoir fait la rumba comme des cinglés, il y a juste des joueurs d'improvisation qui peuvent classer ça dans leurs plus beaux souvenirs à vie. Sans cette belle grande famille, je n'aurais pas tant assumé mon corps ou ma personnalité extravagante. Auprès d'eux, je n'ai aucune pudeur, je suis telle quelle, et on m'apprécie de cette façon. L'impro, c'est bien plus qu'une passion, c'est le fondement de ma vie.

LES RELATIONS AMOUREUSES

« C'est probablement vers l'âge de 11 ans que j'ai saisi que j'étais comme tout le monde en dessous de cette couche de gras. »

Valérie

LE JOUR OÙ J'AI VU MON REFLET DANS LE MIROIR

Je n'ai jamais douté que j'étais belle. Mes traits fins et mes grands yeux noisette ont souvent suscité des compliments à mon égard. J'étais, je suis et je serai toujours une belle fille. Une belle grosse fille. Mais ce n'est pas nécessairement ce que les gens pensent. Surtout les garçons.

J'étais habituée à ce qu'on rigole de mon physique et non qu'on le complimente. Je n'ébruitais pas l'opinion que j'avais de moi. J'avais beaucoup trop peur que ce soit juste une idée que je me faisais pour me remonter le moral. Un genre de bouclier avec l'inscription « T'es bonne, t'es belle, t'es capable » gravée dessus pour faire face aux moqueries. Et puis un jour, tout bonnement, on m'a fait comprendre que j'avais raison.

C'est probablement vers l'âge de 11 ans que j'ai saisi que j'étais comme tout le monde en dessous de cette couche de gras. Que j'avais moi aussi des émotions et des sentiments. Physiquement, je n'étais pas comme les autres, et il n'y avait pas de mal à ça.

À l'école, on m'avait demandé de rencontrer une travailleuse sociale pour discuter de ma différence. Déjà que je n'en voyais pas, fallait maintenant que j'assume qu'il y en avait une. C'était un tout petit bureau dans un recoin du rez-de-chaussée, que j'avais toujours cru être un placard pour le concierge. Madame Chose me regardait avec pitié, et aussi avec compassion. À ce moment-là, je ne savais pas que je verrais ces yeux-là dans d'autres circonstances au cours de ma vie. Elle m'a demandé comment je me sentais, ce qui occupait mes temps libres, comment ça allait dans ma famille.

Ce qu'il faut savoir, c'est que je pesais déjà 190 livres. Ma mère tentait, du mieux qu'elle pouvait, de m'habiller dans les magasins taille Plus en trouvant des morceaux à mon avantage. Alors, moi et mon suit BOCA terracotta en coton ouaté, on n'avait pas beaucoup de succès. Si on n'a jamais eu d'enfant obèse, on ne peut pas comprendre cette réalité. La travailleuse sociale m'a donc proposé un camp de vacances pour que je me fasse des amis. Les frais seraient partiellement payés. Elle devait s'imaginer qu'avec mes vêtements pas à la mode, mon surplus de poids évident et mon manque d'amis, ma famille n'avait pas les mêmes moyens que les autres.

Mes parents étaient ravis pour moi et ont tout de suite accepté. Pour la première fois, je quittais la maison sans ma famille. Alors c'était tout un évènement pour notre clan. On a fait ça en grand. Ma mère a consulté la liste des objets que l'on suggérait d'emporter, et elle m'a tout acheté en neuf. Elle a mis des étiquettes avec mon nom. J'étais prête pour toute éventualité. D'un coup qu'une autre obèse veuille me voler mes vêtements... Tous les éléments de la liste étaient cochés. C'est seulement rendue là-bas que j'ai compris qu'il me manquait quelque chose : de la confiance en moi.

Avec leur belle Altima neuve, mes parents sont venus me reconduire dans le stationnement où nous attendait l'autobus. La vie était belle. On est tous sortis de la voiture pour un dernier câlin avant mon départ. J'avais mes belles valises neuves d'Air Canada, trois ou six revues de

Filles d'Aujourd'hui avec la version d'été de tests super-cool et quelques CD pour le trajet. Le parfait kit de la petite fille over gâtée. J'ai déposé mes valises près de l'autobus. En voyant la soute à bagages, je me suis demandé si ce n'était pas un camion à vidanges plutôt qu'un bus. Faut croire que mettre ses vêtements dans des sacs-poubelle, c'était un préalable pour être comme tout le monde. C'est là qu'on s'est rendu compte que c'était un camp pour jeunes défavorisés. Et j'avais l'air du petit chaperon rouge entouré de cent méchants loups. J'allais me faire manger tout rond.

Mon sac à dos sur les épaules, je devais déjà dire au revoir à ma famille. Je suis montée dans l'autobus. J'avais devant moi un éventail de préadolescentes hyper sexuali-sées. Une fille assise au fond s'adressait en hurlant à une autre placée à l'avant, en ponctuant sa discussion de termes catholiques communs. Déjà, elles me regardaient comme si j'étais une sœur échappée d'un couvent décou-vrant le vrai monde, et ça n'a pas pris de temps avant que je me sente ainsi. Je me suis précipitée vers le premier siège et je me suis plongée dans mes revues. Le moteur s'est mis en marche. Ma famille m'envoyait des bye-bye à l'extérieur. J'ai vu dans le regard de ma mère, de mon père et de ma sœur ce même gros point d'interrogation que celui qu'il y avait au-dessus de ma tête. Dans quoi je venais d'embarquer au juste ?

Le test «Quel type de meilleure amie es-tu?» a été assez populaire pour que deux filles m'adressent la parole durant le trajet. Elles n'en revenaient pas que j'aie autant de revues, pour elles, c'était du jamais-vu. Quand j'ai sorti mon discman, leur cœur a arrêté de battre. La route était soudainement moins longue malgré le temps gris qu'il faisait à l'extérieur.

Un énorme orage s'est abattu sur Saint-Donat, village d'accueil de nos vacances, qui a chamboulé le déroulement de notre arrivée. On nous a regroupés par chalet. Les filles étaient séparées des gars pour la nuit, tandis que le jour, nos activités étaient mixtes. Nos moniteurs nous ont désigné notre lit, et nous ont suggéré de défaire nos sacs rapidement et de nous changer au besoin. Pendant les vingt minutes qui ont suivi cette annonce, j'ai assisté à ma première soirée pomponnage pré-clubbing, assise sur mon lit, à attendre que le temps passe. Je n'accordais pas encore beaucoup d'importance au sexe opposé.

J'étais pratiquement rendue au milieu de mon aventure. J'avais manié l'arc à flèche pour la première fois de ma vie et je trippais avec les filles les plus cool. Celles que tous les gars du chalet voisin zieutaient. Sauf moi.

Je me rappelle encore ce moment assez pénible. Les moniteurs et monitrices nous avaient réveillés en panique durant la nuit en nous ordonnant de mettre nos souliers et de sortir du chalet. Pas le temps de s'habiller, tout le monde en pyjama. Le mien, en flanelle avec de gros dessins de Winnie l'Ourson, n'était pas du tout sexy comparé aux nuisettes avec bretelles spaghetti des autres filles. En file indienne, on s'est dirigés vers la plage pour une surprise de taille. À la tête du cortège, j'entendais les commentaires des garçons qui marchaient à nos côtés. Évidemment, rien sur moi. Ça me désolait. C'était la naissance de mon désir de séduction. Mais personne ne m'admirait. Pas facile quand tu portes un haut de pyjama boutonné jusqu'au cou, qui ne laisse transparaître aucune présence de formes féminines, sans parler de mes cheveux courts comme ceux d'un gamin. Ce n'était pas la journée idéale pour cruiser, disons.

Dans le son des sifflements, nous sommes arrivés sur le sable. Tous en rangée, cordés, pour regarder un magnifique spectacle de feux d'artifice. Tandis que le ciel s'illuminait, je me suis mise à pleurer, la tête dans les poings. Des larmes tranquilles, sans éclats, qui coulent doucement le long des joues. À partir de cette soirée-là, je suis devenue irritable et très solitaire. Mes moniteurs étaient inquiets et ne savaient plus quoi faire pour que je m'intègre à nouveau aux autres.

Chaque semaine, les moniteurs sélectionnaient un gars et une fille pour leur offrir une excursion en voilier autour du lac. De préférence des jeunes à l'écart du groupe qui méritaient une activité privilégiée. On partait pour la journée entière en bateau à voile. J'étais la personne toute désignée. Ma monitrice est venue me reconduire au bâtiment où l'on trouvait tout l'équipement pour les activités marines. C'étaient toujours les mêmes deux personnes qui s'en occupaient. Un gars, typique sosie d'un membre du groupe Blink-182, qui transpirait le punk rock et qui avait troqué le pouce en l'air pour le signe de métal. Il en abusait. Et puis une fille, qui aurait pu me faire croire qu'elle était une sirène tellement elle était belle. Je me suis même demandé si tout ça n'était pas une mise en scène de la Fondation Rêves d'enfants, tellement j'étais heureuse. C'est là qu'est arrivé celui qui m'accompagnerait. C'était le petit gêné de son groupe qui avait été choisi pour le voyage nautique. Je lui ai souri et je me suis présentée. Il m'a regardée, les joues rosies par la timidité, et m'a répondu qu'il s'appelait Adam. On a eu droit à un petit cours rapido-presto et, en un claquement de doigts, on a déployé nos voiles au milieu du lac. Le léger brouillard et le ciel gris ajoutaient du cachet au magnifique paysage qui s'offrait à nous. On aurait dit une prise de vue digne d'un film d'amour de vampires. Les moniteurs nous ont indiqué l'endroit où on allait faire un feu et dîner. Une petite plage perdue. On se sentait seuls au monde. Ils nous ont suggéré de nous baigner tout près pendant qu'ils mettaient en place le pique-nique. J'avais mon maillot de bain sous mes vêtements, mais j'étais quand même gênée de me montrer ainsi. J'ai aperçu du coin de l'œil Adam qui enlevait aussi vite que l'éclair ses jeans et son chandail. C'est dans un caleçon bleu poudre qu'il allait faire baignade. Ça m'a fait sourire et je n'ai plus hésité une seconde à me mettre en maillot. On s'est aventurés dans l'eau qui devait être sur le point de devenir un énorme bloc de glace tellement elle était froide. On poussait des cris et on riait. Et puis, on s'est mis à se parler. Pour lui aussi, c'était son premier camp. À la maison, ce n'était pas la joie et il était content d'être ici. Je voulais changer de sujet le plus rapidement possible. S'il apprenait que j'étais là à la suite d'une série de quiproquos, allait-il retourner dans sa coquille? Je me suis mise à parler des couples formés au camp. Tant qu'à changer de sujet, aussi bien potiner un peu. On parlait de la belle Ariane et du bel Alex qui flirtaient. Et c'est là qu'il m'a demandé qui je trouvais beau. Je lui ai rétorqué que ça n'avait pas d'importance, que de toute façon, ça ne changerait rien pour moi, que personne ne me trouvait belle. Et lui de me répondre: «Bien moi, c'est toi que je trouve belle. T'es vraiment belle.» J'ai figé. On venait d'échanger les rôles, c'était moi qui avais les pommettes rouges. Pour la première fois, un garçon me disait que j'étais belle. J'avais la tête remplie de fleurs et de cœurs. Je me laissais porter par les vagues avec légèreté. J'ai marché de la plage au camp avec ce même sentiment. Adam m'a souhaité une bonne soirée, et je suis rentrée dans mon chalet. Ce soir-là, j'ai fixé le dessous du lit superposé au mien pendant de longues minutes, le sourire fendu jusqu'aux oreilles, à rêvasser.

« Je ne m'étais pas rendu compte qu'en changeant un seul élément, je passerais d'amie potentielle à girlfriend material. »

Valérie

LE JOUR OÙ J'AI PERDU MA CONNEXION

Je me plais à me dire que c'est la maladie des égoïstes, l'obésité. La plupart du temps, j'ai pensé à mon bonheur avant de penser à celui des autres. J'étais complètement aveugle. Même si on m'indiquait la bonne route à suivre, je n'écoutais personne et je fonçais partout. Parfois, je me suis fait mal, et d'autres fois, j'ai blessé des gens.

J'entretiens une grande amitié avec l'une de mes cousines, Jacinthe. On n'a pas toujours été aussi proches. Il y a eu des creux. La vie s'est occupée de les remplir pour nous, nous permettant ainsi d'être au même niveau. Notre relation a été plus houleuse durant une période cruciale de ma vie, celle du début du secondaire. J'avais peur d'entreprendre cette nouvelle étape de ma vie et d'être considérée comme la grosse loser pendant cinq ans. Une éternité. Sauf que j'avais une arme secrète : Jacinthe. Elle était rendue en deuxième secondaire et elle ne me laisserait pas vivre ça. Alléluia ! Les premiers jours ont été une réussite totale. Même pas besoin de faire appel à mes renforts, c'était dans la poche. J'étais funny fun fun. Je n'allais pas l'ignorer pour autant. Je la rejoignais quand même parfois avec ses amis. Ils ne sont jamais vraiment devenus les miens, j'avais juste le goût de passer du temps avec elle. C'est là qu'on s'est mises à se voir plus fréquemment, le soir. Je la trouvais tellement plus cool que moi. Elle avait cette attitude « je-m'en-foutiste » qui m'épatait. Moi, je n'aurais jamais été capable d'assumer ça. On a compris plus tard que c'était la crise de l'adolescence. Ah ! cette belle période de remises en question ! Tout était une bataille que l'on se devait de gagner. J'étais en plein dans une période de transition, et je me demandais ce qu'un ado typique pouvait bien faire. Dans le fond, qu'est-ce que ça mange en hiver, un prépubère ? La réponse : Internet.

On passait nos soirées sur des sites pour ados à échanger avec d'autres. Jacinthe me faisait connaître les amis qu'elle s'était faits au fil des discussions. On se prenait en photo avec sa webcam. Digne de séances photos professionnelles. On ne se privait pas sur les accessoires et les peignures funky. Ensuite, on cherchait des jeunes qui habitaient proche de chez nous ou qu'on trouvait intéressants. Surtout des gars. Parce qu'il y avait aussi cette facette-là sur ces forums jeunesse : les rencontres amoureuses. La chance rêvée pour les étiquetés. Ça semblait tellement parfait. Un univers où tu es toujours à ton avantage et que tu peux quitter en un clic. Wow. Puis, chez moi, j'ai voulu créer mon propre réseau. J'ai mis les trucs que je trouvais les plus cool de ma vie en avant-plan. Je n'allais pas écrire que j'étais obèse, quand même. J'ai ajouté une jolie photo avec ma baby face bien en évidence. J'étais adorable. Certaine que j'allais conquérir le monde quand j'ai pesé sur « Soumettre ». Ensuite, je suis allée à la chasse sur les différents forums. J'ai envoyé des messages à certaines personnes sans obtenir de réponse en retour. Je commençais à désespérer. Et un soir, j'ai enfin reçu signe de vie. J'ai ouvert ma boîte de réception. C'est là que j'ai réalisé que ce n'est pas parce qu'à l'école on n'est pas étiqueté qu'on est à l'abri sur le Web. J'en ai lu et relu des messages me traitant de grosse laide ! Je ne comprenais pas. On avait des points en commun sur nos profils, ce n'était pas suffisant, ça, pour être amis ? Faut croire que non. Au lieu de m'éclipser en un clic, j'ai cliqué sur l'onglet « Changer la photo de profil ». Ce n'était pas vrai que je ne pourrais pas avoir le privilège d'être sur le Web parce que j'étais grosse. À l'école, les gens m'aimaient ; il y avait bien quelqu'un qui ferait pareil sur Internet. J'ai cherché partout, dans tous les dossiers de mon ordinateur pour trouver LA photo qui conviendrait. Je devais penser « camouflage ». Une tâche ardue quand toutes les photos mettent en évidence ton plus gros défaut. J'ai trouvé une photo de moi de profil, les cheveux couvrant presque la totalité de mes yeux, mais laissant entrevoir mes jolies lèvres charnues. J'ai appuyé sur « Soumettre » avec beaucoup de conviction. Le pouvoir de la manipulation.

Mon réseau s'agrandissait. Les discussions avec d'autres gens devenaient de plus en plus fréquentes. Si on me demandait d'autres photos ou une rencontre sur webcam, je disais toujours non. Ça en restait là. Je me suis mise à recevoir des messages sans même avoir à faire les premiers pas. À ma grande surprise, c'étaient plus souvent des gars. Un terrain inconnu dans ma vie réelle. Ça faisait du bien, vraiment. Je n'avais pas l'impression de mentir, simplement de contourner certains aspects. Le reste, tout était moi. Et il y a eu ce gars. Je n'avais jamais vu un aussi beau garçon de ma vie. Il portait une casquette Von Dutch

Trucker. Trop cool, en 2002. Il était parfait. Je ne m'étais pas rendu compte qu'en changeant un seul élément, je passerais d'amie potentielle à girlfriend material. On a passé des soirées à se raconter nos vies, à partager de la musique, à rire, mais surtout à s'écrire. Sans arrêt, sans malice. Nous étions très attachés l'un à l'autre. Après le souper, illico presto, je descendais au sous-sol pour aller lui parler. Dès que quelqu'un voulait jeter un coup d'œil à l'écran, je fermais la page aussi vite que l'éclair. Je ne voulais de commentaires de personne. Je ne sais pas si c'était pour se convaincre de la véracité de notre relation ou pour le plaisir de ses yeux, mais il s'est mis à me demander d'autres photos de moi. Ça connectait nous deux, au-delà de l'image, alors pourquoi c'était si important ? Mais il n'en démordait pas. Je cherchais des excuses et je suis rapidement arrivée à court de prétextes. J'avais tellement peur de le perdre, qu'il me largue, que j'ai opté pour une solution dont je ne suis pas fière. J'ai fait le tour des sites et des forums pour trouver des photos de n'importe qui. Je coupais les visages, les mettais à mon avantage. Jamais ça ne m'est passé par l'esprit que si je lui envoyais un cliché de quelqu'un d'autre que moi, on devrait dire au revoir à une future rencontre. Jamais on ne survivrait à un aussi gros mensonge. C'est après lui avoir envoyé une première nouvelle photo que j'ai compris que je venais de choisir mon camp. J'étais rendue du côté des cybermanipulateurs.

259

Je pensais à lui vingt-quatre heures par jour. Comme je l'avais imaginé, il était conquis. Tellement qu'il voulait qu'on se rencontre enfin. Il était complètement et éperdument sous mon charme. J'étais désemparée. J'aurais pu arrêter ça net, fret, sec. Parce qu'une fois que tu donnes naissance à un mensonge, tu dois le nourrir. Tu finis par mélanger le réel et la fiction. Le pire dans tout ça, c'est que tu finis par y croire, toi aussi. Il devait penser que j'étais toujours en punition, en voyage ou que j'avais des problèmes familiaux pas possibles. Il vivait des situations difficiles dans sa famille, et s'identifiait aux problèmes que je m'inventais. C'était facile à faire passer. L'essentiel était quand même préservé. Je le rendais heureux, et vice versa. Ça a duré longtemps. Des semaines, même des mois. Jusqu'à ce que Jacinthe me demande de la rencontrer au Tim Hortons. J'ai eu une montée de panique. Je venais de me faire pogner. Même si je n'avais pas été franche avec mon «amoureux virtuel», que je ne lui avais pas dit la vérité, à lui, je n'avais aucune envie de lui mentir, à elle. Elle comprenait, mais voulait tout de même prendre le temps de m'en parler franchement. Je me sentais petite dans mes culottes.

Le lendemain, elle m'attendait devant un chocolat chaud rempli de réconfort. Elle n'avait pas l'air fâchée, plutôt déçue. C'est pire. Elle m'a expliqué qu'elle s'était servie de l'ordinateur que j'avais utilisé et, par erreur, ma boîte de courriel s'était ouverte au lieu de la sienne. C'est là qu'elle avait vu tous les messages que j'échangeais avec ce fameux gars. Elle ne pouvait pas s'empêcher de les lire, réalisant à quel point j'étais allée loin pour cacher la vérité. Je me suis mise à pleurer. J'ai perçu dans ses yeux qu'elle se sentait triste pour moi. Elle voulait me faire comprendre que si moi j'en retirais un bien fou, lui, de son côté, accumulait les déceptions. Que ça devait se terminer maintenant, pour mon bien, mais surtout pour le sien. Elle avait tellement raison ! Si j'avais été capable d'accepter que mon physique ne faisait pas l'unanimité et que ces gens méchants ne méritaient pas une fille comme moi dans leur vie, je n'aurais pas fait de mal aux personnes que j'aimais : elle et lui.

Je suis revenue chez moi dans l'intention de remettre les pendules à l'heure. Je lui ai dit que je ne pouvais plus lui parler pour des raisons personnelles. L'alarme de panique a éclaté dans sa tête. Il tenait à moi comme à la prunelle de ses yeux et je lui échappais alors qu'il croyait être si près du but. Une fois de plus, quelqu'un l'abandonnait. Il m'envoyait des courriels sans relâche. Il m'appelait toutes les demi-heures, en crise de larmes, pour me laisser des messages. J'étais celle qui avait su percer sa carapace et dont il était tombé amoureux. Il énumérait mes qualités et mes défauts, qu'il trouvait si adorables. Jamais il ne faisait allusion à mon apparence physique.

C'était moi, qui j'étais, ma personnalité, qui faisait qu'il m'aimait. Mes goûts, mes idées et surtout mes mots. Je me souviens d'avoir écouté et réécouté son message vocal des dizaines de fois. Je l'ai appelé. Cette journée-là, j'ai compris qu'un gars aussi, ça pouvait pleurer; il fallait juste savoir comment lui faire bien mal. Moi, j'avais réussi. Il me hurlait de ne pas lui faire ça, de ne pas le laisser. Plus il parlait, plus il croyait revoir la flamme se rallumer. Dès que je reprenais mon discours, c'était la crise. J'avais l'impression d'achever quelqu'un à petit feu. Je ne supportais pas de lui faire aussi mal. Ni à moi. Mais je n'avais pas la force mentale ni la volonté de le quitter aussi brusquement. J'étais perdue, sans boussole. Et puis les années ont passé. Il commençait à se lasser des excuses et regrettait de ne pas avoir coupé les ponts plus tôt. Ce qui nous retenait, c'était cette possible histoire d'amour fou qu'on aurait pu vivre. Le mystère planait, et on avait de la misère à briser ce lien pour retourner dans la réalité.

J'ai compris avec cette histoire que j'avais du travail à faire sur moi avant de crier tout haut mon besoin d'être comme tout le monde. Je devais accepter d'être la grosse laide pour certains, mais la nice funny fun fun pour d'autres. Si aujourd'hui j'ai un compte sur un site de rencontres, c'est mes photos qui y sont affichées. Finie la partie de cachette interminable qui m'a coûté mon estime de moi et la chance de vivre bien d'autres expériences.

« ELLE SE NOURRIT
DES ENCOURAGEMENTS
ET DE L'ADMIRATION
DE SES FANS, MAIS
ILS NE PEUVENT
PAS FAIRE L'ÉPICERIE
À SA PLACE. »

MARIANNE

L'AMOUR DU PUBLIC

Sur le Web, Valérie vit une grandiose histoire d'amour avec de purs inconnus. Sa page Facebook *Le jour où j'ai arrêté d'être grosse* se lit comme un échange épistolaire aussi spirituel que torride (on y sue beaucoup). Avec son sens de l'humour et sa détermination, elle a séduit plus de 20 000 personnes. «T'imagines? C'est aussi gros que le Centre Bell!» Selon moi, c'est parce que le cœur de Valérie a la même capacité que tous les arénas de la LNH réunis.

J'ai été au gym ce soir et j'ai été écrire quelques lignes dans un café. Rien d'extraordinaire. Et puis là, au moment de m'endormir, je vais jeter un coup d'œil sur ma page et je me rends compte que vous êtes 20 000 personnes qui me suivent. C'est complètement irréel et cinglé que vous m'aimiez autant! Je capote!!! Je suis couchée dans mon lit et je pleure tellement ça me touche droit au cœur. Je vais tellement penser à vous au gym demain! Merci merci merci! J'trip sur tous vous autres! Wow xxxxxxxxxxxxxxxxxxxxxxx
— 11 novembre 2013

Nul doute, les sentiments sont réciproques. Et comment réagit-on d'être la fille bien-aimée d'une foule? « C'est l'fun! Je l'apprécie, mais je ne comprends pas l'ampleur de tout ça. Même qu'au début, je n'y croyais pas. » Quand le compteur de « J'aime » commence à s'emballer, Valérie se méfie. Trois mois après la création de sa page Facebook, ils sont déjà 1 500 à avoir cliqué dessus. Elle ne veut pas s'attacher trop vite. Et si ce n'était qu'une histoire d'un soir? Au fil des mois et d'un intérêt soutenu, elle s'est adaptée à recevoir ce type d'affection. Elle me confie: « J'ai compris que c'était de l'amour véritable, pas juste virtuel. On s'apporte beaucoup mutuellement. » Elle sait qu'elle a un impact réel dans la vie de plusieurs personnes qui l'ont choisie comme modèle. La passion contagieuse de Valérie occupe leurs pensées quand vient le temps de se botter le derrière, de faire de meilleurs choix ou tout simplement de persévérer. D'ailleurs, elle a engendré plusieurs bébés pages Facebook de perte de poids parmi ses fans. Valérie accepte ce rôle et ses responsabilités: « Je porte le

public que j'ai trouvé, et non le contraire. » Elle se nourrit des encouragements et de l'admiration de ses fans, mais ils ne peuvent pas faire
l'épicerie à sa place. Sa motivation doit venir d'elle, et d'elle seule.

Hier, ça m'a pris 2 heures avant de me sentir prête à aller faire mon épicerie… Pas pour me mettre à mon meilleur, au contraire, je suis toujours habillée en mou, mais bien pour pas faire de gaffes. 2 h de silence pour contrôler mes émotions avant d'aller tomber sur une boîte d'Oreo au Maxi et ne pas être capable de lui interdire l'accès à mon panier ! On ne le dira jamais assez, perdre du poids ça passe par la tête avant tout. Pendant 2 minutes, juste avant de partir, je me suis répété ce que je devais acheter en me regardant dans le miroir et j'étais fière de sortir le cœur léger, sans regrets, après avoir laissé toute tentation derrière moi.
— 4 mars 2013

Cette page, Valérie l'a créée avec deux objectifs en tête : documenter
sa transformation et, surtout, s'assurer d'avoir une bonne banque
d'amour pour la soutenir pendant ce défi colossal. Dans sa première
vidéo, elle le demande clairement à son entourage : « Je vais avoir
besoin de vous. Je fais pas ça pour avoir du fame. Les gens qui me
connaissent le savent. Je fais ça pour pouvoir m'en sortir. Pour pouvoir avoir le plus de support possible. Et faire tout ça dans la réussite
et dans le bonheur. » Elle continue avec un petit sourire en coin : « Et
on ne peut pas vraiment choker une fois que c'est mis sur Facebook,
right ? » Communauté et surveillance : Valérie a tout compris des

réseaux sociaux, mais elle a sous-estimé la viralité de son charme. À la suite de sa première entrevue télévisée au talk-show de Pénélope McQuade, à Radio-Canada, elle tombe dans l'œil du grand public et dans une nouvelle catégorie, celle des personnalités connues.

Wow...

[...] Jamais de ma sainte vie je n'aurais cru pouvoir être le modèle pour un mode de vie sain. J'ai passé une bonne partie de ma vie à m'imaginer être une autre fille, avec de l'ambition et des rêves. [...] Aujourd'hui je suis l'héroïne de ma vraie vie, qui ressemble bien plus à une série télé qu'avant !

Je vais répondre à tous mes courriels avec un léger délai, vous comprendrez que mon ordi sent la boucane depuis hier et que je dois le ménager un peu ; vous êtes en feu ! Et aussi, je dois m'entraîner et pas toujours traîner devant Internet ;)
[...]
Merci encore, sincèrement !
Valérie Fraser xx
— 1ᵉʳ mai 2013

Vivre cette aventure en public pousse Valérie à se dépasser, ce qu'elle fait avec succès. Mais avec cette sortie dans les médias, elle repousse aussi les limites de sa vie personnelle et s'engage plus officiellement auprès de ses admirateurs. La mystérieuse « fille derrière la page *Le jour où j'ai arrêté d'être grosse* » dévoile son nom. Son coming out est officialisé avec son premier message signé « Valérie

Fraser» sur Facebook. Selon elle, l'anonymat relatif des premiers mois envoyait un message clair quant à ses motivations profondes : «J'avais peur qu'on me juge, qu'on pense que je cherchais à être connue. C'est arrivé que les gens croient que je faisais tout ça pour être une vedette; ça m'a toujours fait de la peine.» Tout comme quelques commentaires laissant entendre que sa perte de poids était attribuable à Photoshop sur certains de ses clichés. «Pourquoi je mentirais sur ma propre page? Sur ma propre image? Qu'est-ce que ça me donnerait de plus?»

Valérie ne voit aucun intérêt à embellir la réalité. Au contraire, elle tient à la partager telle qu'elle est et à se montrer sous son vrai jour, même si ce jour-là, c'est la Saint-Valentin...

Ce soir, j'avais une date, j'y suis allée mais j'ai échangé les gouttes de sueur pour des larmes... Je le dis officiellement, je suis brûlée....

J'ai atteint une limite, ma force intérieure a besoin de repos. J'avais jamais vécu autant de stress de toute ma vie. J'avais jamais eu aussi peu de temps pour moi, du temps pour m'écraser et penser à rien... J'ai jamais eu de switch sur le côté de mes oreilles pour me faire oublier que tout ça, ça prend tout mon p'tit change pour y arriver.

À ceux qui ne me connaissent pas, qui se sont sentis inspirés par mon histoire, je vous remercie de tout mon cœur d'être présents pour moi. Dire que j'avais débuté cette page pour mes amis et ma famille, c'est fou de voir ce qu'elle est devenue.

À ma famille, vous êtes mes piliers, je vous aime de tout mon cœur et merci de m'avoir toujours fait sentir aussi bien. Vous rockez !

Mes amis, ceux qui capotent à me voir fondre et qui me le disent, ceux qui likent et commentent mes photos et statuts (parce que oui, je sais qui me suit à fond), vous ne savez pas à quel point vous allumez une petite flamme en dedans de ma solitude à chaque fois.

J'ai des downs, et là c'est un pas pire gros...

Eh oui, je sais, les efforts en valent la peine

Oui, je suis bonne et je dois être fière

Oui, j'inspire et je motive plein de gens à faire comme moi

...

Mais je suis pas Superman...

Je suis une fille bien normale qui braille quand ça va pas...

Et par respect pour ceux qui veulent faire comme moi, je dois vous montrer les deux côtés de la médaille... Faut juste bien savoir rebondir... Et pour ça, moi, j'en parle sur Facebook et je braille avec ma coach au gym pis... GO !

Valérie

— 14 février 2013

Après avoir arrangé la vérité pour se faire aimer, Valérie a pris le parti de l'authenticité. D'abord pour elle, puis face à tous les autres, peu importe de quel côté de l'écran elle se trouve : « Quand les gens m'abordent dans la rue, ils me disent souvent qu'ils ont l'impression d'être mon amie même si on ne s'est jamais rencontrés. C'est parce que je suis la même, tout le temps. Je peux créer un personnage de Valérie inspirante, je préfère l'être vraiment. Ils m'épaulent, je ne veux pas les décevoir.» C'est pourquoi quand elle entre au gym, elle donne tout ce qu'elle a, elle donne un show, elle donne l'exemple. En tant que figure publique, elle sait qu'elle est jugée sur sa performance, mais qu'elle possède aussi une tribune privilégiée : « Les fans sur ma page aiment quand je leur parle, et pas seulement du nombre de livres que je perds. Je veux leur dire que c'est vrai ce que je vis, que c'est possible de se prendre en mains.»

Je vous donne signe de vie. Un signe court et bref. Je remets enfin ma première version du livre Le jour où j'ai arrêté d'être grosse *ce jeudi. J'ai pensé fort à vous chaque fois que j'avais le goût de détourner la vérité. J'ai pensé à ceux qui n'ont pas la chance de se la faire dire. J'espère que mes mots sauront vous faire comprendre ce que je n'avais pas compris. Je ne pourrai jamais vous le dire assez : merci.*

(Je vais m'entraîner ce soir, je risque d'être pas pire sur le lip-sync et les moves hip-hop. Si vous fréquentez mon gym, manquez pas ça !)

— 28 octobre 2013

Si *Le jour où j'ai arrêté d'être grosse* a autant de succès, c'est qu'il possède un petit arrière-goût salé, celui de la sueur et des larmes de Valérie. De l'effort, de la douleur et de la joie. C'est un trio qui rassasie l'âme.

« Et puis, lorsque le gras s'est mis à fondre comme la neige au printemps, la fille froide a trouvé de la chaleur dans les bras de quelqu'un. »

Valérie

LE JOUR OÙ J'AI EU UN PETIT PÉPIN

Dans tout sketch improvisé mettant en scène une famille, c'est toujours moi la mère. Si on faisait un vote interne à l'intérieur de ma gang, à l'unanimité, je serais la maman du groupe. Même si la référence ne me plaisait pas, j'appréciais tout de même que l'on m'associe à une figure aussi réconfortante. J'en avais les manies et les accessoires : du mouchoir dans un sac Ziploc au fond de la sacoche jusqu'aux conseils fatigants.

J'avais tout d'une âme maternelle. Il ne me manquait qu'une seule chose, assez importante : un bébé. Pourtant, les gens m'ont souvent prise pour une femme enceinte jusqu'aux oreilles, ce qui m'a toujours fait rigoler. Je trouve ça tellement beau et positif de voir une femme enceinte que ça me remontait le moral. Ça me faisait croire que moi aussi, ça pouvait m'arriver un jour. Que deux miracles pourraient se produire simultanément. Qu'on ait envie de procréer avec moi, et que ça fonctionne. Deux aspects de ma vie complètement dans le brouillard à force de pelleter des montagnes de nuages. Je voulais simplement y croire. Je me serais contentée de sauter les étapes entre le sexe et le bébé. Une fille indépendante comme moi ne vit pas ses rêves à deux dans sa tête. Je pense même que dans mes rêves, on me *donnait* un bébé. Comme un jouet dont il faut s'occuper avec soin. Rien à voir avec la concrétisation sous forme humaine d'un amour passionnel. Au diable tout ça, donnez-moi juste ce petit bout d'humain que j'en fasse mon projet de vie.

Les relations à long terme ne m'ont jamais convenu. Plus ça s'éternisait, moins j'avais le goût d'être présente. C'est la peur de l'inconnu qui me faisait ça. Je ne savais pas vers quoi ça pouvait mener et j'en avais assez sur les épaules pour risquer de subir un autre échec monumental. À la place, je faisais tout pour qu'on se débarrasse de moi. Je n'allais pas chialer la journée où on allait me domper au bord du chemin comme un vieux sac-poubelle. J'attendais juste ça, qu'un camion m'emmène loin. J'étais plutôt la méchante sorcière que la douce princesse. J'ai été mesquine et froide avec certains gars. Je me suis excusée mais pour certains, la plaie n'a pas encore cicatrisé. Je voyais bien qu'il n'y avait aucune logique entre mes rêves et la réalité. Et puis, lorsque le gras s'est mis à fondre comme la neige au printemps, la fille froide a trouvé de la chaleur dans les bras de quelqu'un.

Mai 2012. Je dois me préparer pour une date avec un gars que je connais un peu par des textos qu'on s'est envoyés. On a fait dans le cliché classique : souper au Pacini, suivi d'une bonne comédie au cinéma. L'option cruise control de la première date. Je m'étais acheté un beau petit kit spécialement pour cette soirée. De toute façon, la totalité de ma garde-robe ne me faisait plus. Une bonne excuse, quand même. Alors je me suis gâtée avec une robe qui annonçait à merveille la venue de l'été. J'avais des papillons dans l'estomac tout le long du trajet pour aller à sa rencontre. Une fois l'un devant l'autre, ça a tout de suite fonctionné. J'adorais voir ses yeux regarder mes lèvres bouger. Ça paraissait qu'il les aurait volontiers dévorées. Il a commandé du saumon, moi des pâtes. La discussion coulait aussi aisément que le vin qu'il buvait. On est allés au cinéma. Le film me faisait sourire. La soirée aussi.

De fil en aiguille, il a fini par s'intégrer à ma vie. De mon côté, j'essayais du mieux que je pouvais de lui donner une place. Il a rencontré mes parents à quelques reprises. Ma famille l'aimait bien, mais avec mes amis, c'était plus difficile. On venait de deux univers différents. Parfois, on était à des années-lumière l'un de l'autre. Il passait du temps chez moi. On allait dans des soirées avec mes amis. On soupait avec ma famille. Jamais la sienne. Jamais son monde. Toujours le mien. À défaut d'avoir donné si peu dans le passé, j'en donnais trop dans le présent. C'est comme ça que l'eau a commencé à s'infiltrer dans le bateau. Un petit trou presque invisible dans notre barque, mais qui allait nous faire couler. Au fil du temps, c'est devenu une grande fissure, et finalement, une fuite irréparable. On a essayé de rafistoler ce qu'il nous restait. Mais on n'avait pas assez de matériaux.

Je pensais être arrivée au bout de mes peines. La vie me réservait une surprise. Ça faisait trois jours qu'on avait décidé que nos chemins devaient se séparer. C'était une longue et interminable journée dans le centre d'appel où je travaillais. J'essayais de me changer les idées en réorganisant mon bureau. Au bout d'un moment, j'ai commencé à ressentir une douleur au ventre. J'avais eu mes règles deux semaines avant. J'ai rayé cette option-là de mon cerveau. Peut-être quelque chose que j'avais mangé. Aucune idée. Plus le temps passait, plus le mal était insistant. À un certain moment, je me suis couchée par terre, recroquevillée, à prier le bon Dieu que ça passe. Rien à faire. Entre deux appels, ma voisine de bureau venait prendre mes signes vitaux. Elle était bouleversée, au bord de la panique. C'était ma maman de la journée. Une heure avant de quitter le travail, la douleur s'est estompée. Je me suis rendue au restaurant pour souper avec mon ex, qui voulait avoir une dernière discussion. Il avait l'intention de me reconquérir. Bien que, intérieurement, j'en avais envie, mon cœur, encore en mode panique, a mauvaisement déballé son sac. J'ai annulé nos plans pour la soirée et je suis allée le reconduire chez lui. J'avais juste envie d'être chez moi pour enlever le mascara de mes joues et me payer une bonne nuit de sommeil. J'ai fait un détour rapide par la salle de bain avant de me glisser sous les couvertures. Elle était là, la fameuse surprise.

Assise, les sous-vêtements aux genoux, je n'ai rien compris de ce que je voyais. Une petite masse étrange et visqueuse qui me faisait penser à l'intérieur d'une coquille d'œuf. Une demi-fraction de seconde plus tard, j'avais compris. Je venais de faire une fausse couche. C'est alors que j'ai vu défiler dans ma tête les images de ce qui aurait pu me mettre la puce à l'oreille. Mes nausées le matin durant le dernier mois, que je croyais dues à ma nouvelle prescription de pilule contraceptive. Mes précédentes menstruations particulièrement courtes, contrairement à mon cycle habituel. Mon poids qui stagnait et mes émotions à fleur de peau. Tout était là. J'ai fermé les yeux pour me perdre dans le noir. Le silence de mon appartement se faisait pesant. J'étais déconnectée. Je me suis donné une minute de silence. Et puis, la presque future mère en moi a voulu sauver les meubles. J'ai eu cette réaction étrange de vouloir faire comme si de rien n'était. Un déni total. J'ai déposé ma tête sur l'oreiller pour ne la relever que le lendemain. De retour au boulot. Une dernière journée avant la fin de semaine, que j'accueillais avec plaisir. Voulant en avoir le cœur net, j'ai contacté Info-Santé et je suis allée faire une visite à la clinique médicale le lendemain matin. Le médecin m'a donné les réponses à toutes les questions que j'avais eues en tête au cours des vingt-quatre dernières heures. J'étais presque à deux mois et demi de grossesse. Je n'en revenais tout simplement pas. Même si le bébé n'était plus, j'allais vivre quelques changements dans les prochains jours à cause des hormones. En quelques heures, mon corps s'est mis à enfler. Mes seins sont devenus gros comme des melons d'eau. J'avais l'appétit sexuel d'une pornstar qui revenait de deux semaines de vacances toute seule dans le bois. J'avais le goût de manger les pires combinaisons de bouffe jamais inventées. Un beau package deal dont je me serais passée, surtout quand tu gères une page comme la mienne. Parce qu'il y avait ça aussi à gérer.

Ça devait arriver, c'est tout. J'étais tellement préoccupée par ma vie que je ne m'étais même pas rendu compte qu'il y en avait une autre en moi. C'est signe que je n'étais clairement pas prête. J'ai repassé ces deux mois et demi en boucle dans ma tête. J'essayais de redonner vie à quelque chose qui n'était plus. Dire que j'aurais accouché pratiquement au même moment que j'aurais fêté la première année de ma nouvelle vie. J'avais un goût amer dans la bouche. Je n'étais pas, et je ne le suis toujours pas, prête à devenir une maman. Pour que je puisse avoir la chance d'être une mère, je devais d'abord avoir envie d'être une femme. C'est probablement ça que cette petite boule d'amour voulait me faire réaliser en me quittant. Pratiquement personne ne l'a su. Je me suis effacée pendant quelque temps. Avec toutes les festivités du temps des Fêtes et mon 24ᵉ anniversaire de naissance qui approchait, j'avais simplement le goût de me changer les idées.

J'ai traîné mes bobos longtemps après ça. Je ne savais pas pourquoi j'étais dans tous mes états. J'avoue que la combinaison pu de chum et pu de bébé, c'est assez pour te donner le goût de te morfondre. Et puis il y avait la perte de poids, la partie importante de ma vie qui est probablement la cause de ces départs inexplicables. Les efforts incroyables que j'avais mis à me traîner de force au gym m'avaient brûlée. Je me conditionnais à faire de cette partie-là de ma vie une réussite totale. Idiot de ma part de ne pas comprendre que ça allait me rattraper. J'étais pourtant sur la bonne voie, je n'avais aucune envie que ça me ravage. J'ai ignoré le problème, mais il continuait à me taper sur l'épaule. Le 14 février 2013, j'avais une séance de prévue avec mon entraîneuse. Je n'allais certainement pas passer la soirée seule chez moi, osti non ! Je suis entrée dans le gym complètement vide. Ça m'a fessée comme une mise en échec pas propre au hockey. J'avais la gorge comme un désert à midi. C'étaient mes yeux qui avaient pompé toute trace d'eau pour en faire usage. Ce soir-là, je n'ai pas mis le pied sur une machine. C'est ma bouche qui s'est donnée sur le cardio. Après une longue discussion entrecoupée de grosses larmes de chagrin refoulé, j'ai réalisé que je me prenais pour Wonder Woman et que je n'en avais pas la force. Page Facebook ou pas, j'avais besoin d'un break. Je suis retournée chez moi et j'ai écrit sur ma page ce qui se passait en dedans sans trop entrer dans les détails. Probablement celui de mes messages qui a suscité les réactions qui m'ont le plus fait du bien. Je me sentais humaine pour la première fois dans tout cet univers virtuel. Fallait seulement en parler pour comprendre que tout le monde passe par là au moins une fois dans sa vie. C'est là que j'ai compris que ma page, c'était bien plus qu'une simple recette miracle pour perdre du poids. C'est l'histoire d'une fille qui essaie de passer à travers la vie, en fait.

AUJOURD'HUI

« QUEL POIDS RESTE-T-IL À L'INTÉRIEUR ? »

Marianne

ARRÊTE-T-ON UN JOUR D'ÊTRE GROSSE ?

Ma chère Valérie,

« Arrête-t-on un jour d'être grosse ? » Tu m'as lancé la question plutôt nonchalamment, mais j'y ai vu une perche à saisir, et surtout l'ombre d'un doute. Venant de toi, la fille qui clame avoir arrêté d'être grosse du jour au lendemain, c'était plutôt intrigant. Tu te demandais ce que les ex-gros conservaient de leur obésité une fois que les kilos et les bobos avaient disparu. Quel poids reste-t-il à l'intérieur ?

Je sais que tu héberges toujours l'ancienne Valérie dans un recoin de ton esprit. Depuis que tu lui as tourné le dos en avril 2012, tu lui jettes parfois un coup d'œil bienveillant dans le rétroviseur. Quelle distance vous sépare maintenant que tu t'es mise à courir ?

Je sais aussi que tu te racontes encore des histoires. Tu te convaincs que tu n'es plus grosse avec la même force que tu te faisais accroire que tu n'étais pas si obèse que ça. T'appelles ça du « mensonge positif ». Moi je pense que t'as une saprée tête de cochon. La plus inspirante tête de cochon que j'ai jamais rencontrée.

Je sais que tu as parfois peur de cette nouvelle vie que tu t'es offerte. Tous ces territoires désormais accessibles t'excitent autant qu'ils te stressent. Je te confirme que le confort de tes scénarios imaginés ne surpassera jamais l'expérience incarnée et imprévue du moment présent. Je ne suis pas inquiète pour toi, t'es la reine de l'improvisation !

Peut-être n'as-tu pas vraiment changé, mais tu changes le monde autour de toi. J'appelle ça un « modèle positif ». Arrêteras-tu un jour d'être grosse ? Qu'importe. Ce qui compte, c'est que jour après jour, tu persistes à choisir la santé, la vérité, l'amour, le plaisir. Et tu t'arranges pour que ça, ça n'arrête jamais.

Merci de m'avoir permis d'explorer ta petite planète, mon amie. Je reviens de ce voyage transformée.

« J'ai rarement eu si peu de mots et autant de larmes. »

Valérie

LE JOUR OÙ JE T'AI DIT AU REVOIR

Il s'est passé tellement d'affaires depuis ta vidéo. Depuis le jour où j'ai débarqué dans ta vie. On m'a souvent parlé de ce moment-là. De ces sentiments qui avaient l'air de t'habiter et de ces buts que tu t'étais fixés. Et puis nous voilà, presque deux ans plus tard. J'ai encore de la difficulté à croire que j'y suis arrivée. J'ai enfin réussi à montrer aux gens le trésor enfoui au fond de toi.

On sait toutes les deux à quel point il y a eu des jours difficiles. Tu t'es effondrée plusieurs fois après que j'ai pris ta
vie en mains. Pauvre belle fille. Ça m'est rentré dedans
comme un dix-roues. Ça m'a émue de te voir si vulnérable. Je fonçais trop vite pour que tu suives la cadence...
Ça a dû être crève-cœur de me voir de plus en plus petite,
au loin. Ça me déconcentrait quand je t'entendais crier de
revenir te chercher. Au fond, je te remercie de m'avoir fait
douter lorsque j'ai voulu aller te retrouver, ça m'a appris
à être plus forte.

Tu ne peux pas savoir à quel point ça a été dur d'écrire
ces dernières lignes. J'ai rarement eu si peu de mots et
autant de larmes. J'aurais aimé te savoir aussi heureuse
que je le suis maintenant... Tu te rappelles, on s'était
entendues qu'après avoir raconté ton histoire, tu devais
partir pour de bon. J'espère t'avoir fait honneur avec mes
mots.

BIOGRAPHIE DE MARIANNE

Marianne est membre du quintette artistique et humoristique Les Moquettes Coquettes qui a sévi à la télévision, à la radio, sur les planches, dans la presse et sur le Web jusqu'en 2010. En 2008, elle lance avec une amie *Je suis féministe*, un blogue participatif pour les jeunes féministes francophones. Depuis l'automne 2012, Marianne écrit la rubrique *Famille tout compris* dans le magazine *Châtelaine*. Par ailleurs, la maternité lui inspire des billets drôles et touchants sur son blogue personnel http://marianneprairie.com/maman.

Aujourd'hui rédactrice, chroniqueuse et journaliste pigiste, Marianne est régulièrement interviewée et citée dans des articles qui traitent d'enjeux féministes, de technologie, de famille, et elle donne des conférences sur ces divers sujets.

BIBLIOGRAPHIE

Débarquer sur une nouvelle planète

EMPLOI ET DÉVELOPPEMENT SOCIAL CANADA. « Santé — Obésité/Indicateurs de mieux-être au Canada », [en ligne]. [www4.hrsdc.gc.ca] (11 août 2013)

ORGANISATION MONDIALE DE LA SANTÉ. *Obésité et surpoids*, Aide-mémoire n° 311, mars 2013, [en ligne]. [www.who.int] (11 août 2013)

ORGANISATION MONDIALE DE LA SANTÉ. « Surpoids et obésité : définitions », [en ligne]. [www.who.int] (11 août 2013)

PASSEPORT SANTÉ. « L'obésité », [en ligne]. [www.passeportsante.net] (11 août 2013)

Le dossier médical de Valérie, un roman plein de rebondissements

DE SAINT POL, Thibaut. « Obésité : "gros qui se laisse aller", une idée reçue même chez les médecins », *Le Plus, Le Nouvel Observateur*, [en ligne]. [http://leplus.nouvelobs.com] (14 novembre 2013)

FRIEDMAN, Roberta et Rebecca M. PUHL. « Weight Bias — A Social Justice Issue », Rudd Center for Food Policy and Obesity, *Policy Briefs and Reports*, [en ligne]. [www.yaleruddcenter.org] (12 novembre 2013)

GUDZUNE, K.A., M.C. BEACH, D.L. ROTER et L.A. COOPER, « Physicians build less rapport with obese patients », *Obesity, Wiley Online Library*, [en ligne]. [http://onlinelibrary.wiley.com] (14 novembre 2013)

Je n'ai jamais eu d'ami gros

BETTY. « IBARW: A primer on privilege: what it is and what it isn't », *Live Journal*, [en ligne]. [http://brown-betty.livejournal.com] (28 août 2013)

COLLECTIF ANONYME. « Breaking down fatphobia », *You're Welcome*, [en ligne]. [http://yrwelcome.wordpress.com] (20 août 2013)

COLLECTIF ANONYME. « Frequently Asked Questions », *This is Thin Privilege*, [en ligne]. [http://thisisthinprivilege.tumblr.com] (28 août 2013)

FABELLO, Melissa A. « Let's Talk About Thin Privilege », *Everyday Feminism*, [en ligne]. [http://everydayfeminism.com] (25 octobre 2013)

RIDGWAY, Shannon. « 20+ Examples of Thin Privilege », *Everyday Feminism*, [en ligne]. [http://everydayfeminism.com] (25 août 2013)

RUBENSTEIN, Andrea. « "Check my what?" On privilege and what we can do about it », *Official Shrub.com Blog*, [en ligne]. [http://blog.shrub.com] (29 août 2013)

Six phrases à éviter pour devenir le bon ami d'une personne grosse

BRANLANDINGHAM, Bevin. « How to Be a Good Ally to Fat People Who Appear to Have Lost Weight », *Everyday Feminism,* [en ligne]. [http://everydayfeminism.com] (14 novembre 2013)

HEINA. « How to Stop Patronizing Your Fat Friend: Fatphobia Edition », *Skepchick,* [en ligne]. [http://skepchick.org] (20 août 2013)

MARIANNE. « How Not To Be A Dick To Your Fat Friends », *xoJane,* [en ligne]. [http://www.xojane.com] (6 octobre 2013)

Comment obtenir un bikini body en une étape facile

ANONYME. « Want to know how to have a bikini body? Put a bikini on your body. Boom. Done. », *Fat Bodies,* [en ligne]. [http://fatbodies.tumblr.com] (13 septembre 2013)

CHAMP, Nicky. « Why don't more magazines run images like THIS? », *Mamamia,* [en ligne]. [http://www.mamamia.com.au] (13 septembre 2013)

KAYE. « How to get a bikini body: put a bikini on your body. », *Quiche,* [en ligne]. [http://girlwiththeinvisibletattoo.tumblr.com] (13 septembre 2013)

La petite fille obèse qui voulait se balancer

AGENCE DE LA SANTÉ PUBLIQUE DU CANADA. « Notre santé notre avenir — Dialogue national sur le poids santé, Rapport sur le dialogue », [en ligne]. [www.phac-aspc.gc.ca] (13 novembre 2013)

LATNER, Janet D. et Albert J. STUNKARD. « Getting Worse: The Stigmatization of Obese Children », *Obesity Research,* Wiley Online Library, [en ligne]. [http://onlinelibrary.wiley.com] (13 novembre 2013)

LAMONTAGNE, P. et D. HAMEL. *Obésité chez l'enfant,* Ministère de la Santé et des Services sociaux, [en ligne]. [www.msss.gouv.qc.ca] (13 novembre 2013)

WEI, Su et Aurelia DI SANTO. « Preschool children's perceptions of overweight peers », *Journal of Early Childhood Research, Sage Journals,* février 2012, vol. 10, n° 1, [en ligne]. [http://ecr.sagepub.com] (13 novembre 2013)

Ressources

EquiLibre/Image corporelle. Santé. Poids. [www.equilibre.ca]

Aneb/Anorexie et boulimie Québec) [www.anebquebec.com]

La semaine « Le poids ? Sans commentaire ! » [http://lepoidssanscommentaire.ca]

La Charte québécoise pour une image corporelle saine et diversifiée [www.jesigneenligne.com]

Derrière le miroir [www.derrierelemiroir.ca]